Intenciones

Wilde, Oscar

La decadencia de la mentira

UN DIÁLOGO

Personajes: Cyril y Vivian
Lugar: Biblioteca de una casa de campo en Nottingham.

CYRIL (Mientras que entra por la puerta-balcón abierta de la terraza.).- Pasa usted demasiado tiempo encerrado en la biblioteca, querido. Hace una tarde magnífica y el aire es tibio. Flota sobre el bosque una bruma rojiza como la flor de los ciruelos. Vayamos a tumbarnos sobre la hierba, nos fumaremos un cigarrillo y gozaremos de la madre Naturaleza.

VIVIAN.- ¡Gozar de la Naturaleza! Antes que nada quiero que sepa que he perdido esa facultad por completo. Dicen las personas que el Arte nos hace amar aún más a la Naturaleza, que nos revela sus secretos y que una vez estudiados estos concienzudamente, según afirman Corot y Constable, descubrimos en ella cosas que antes escaparon a nuestra observación. A mi juicio, cuanto más estudiamos el Arte, menos nos preocupa la Naturaleza. Realmente lo que el Arte nos revela es la falta de plan de la Naturaleza, su extraña tosquedad, su extraordinaria monotonía, su carácter completamente inacabado. La Naturaleza posee, indudablemente, buenas intenciones; pero como dijo Aristóteles hace ya tiempo que no puede llevarlas a cabo. Cuando miro un paisaje, me es imposible dejar de ver todos sus defectos. A pesar de lo cual, es una suerte para nosotros que la Naturaleza sea tan imperfecta, ya que de no ser así no existiría el Arte. El Arte es nuestra enérgica protesta, nuestro valiente esfuerzo para enseñar a la naturaleza cuál es su verdadera función. En cuanto a eso de la infinita variedad de la Naturaleza, no es más que un mito. La variedad no se puede encontrar en la Naturaleza misma, sino en la imaginación, en la fantasía o en la ceguera cultivada de su observador.

CYRIL.- Bueno, pues no contemple usted el paisaje. Túmbese sobre la hierba para fumar y charlar, y nada más.

VIVIAN.- ¡Es que me resulta tan incómoda la Naturaleza! Siento la hierba dura y húmeda, llena de asperezas y de insectos negros y repulsivos. ¡Dios mío! Un obrero tan humilde de Morris sabe construir un sillón mucho más cómodo que el que puede llegar a hacer la Naturaleza. Y ésta palidece de envidia ante los muebles de la calle "que de Oxford tomó el nombre", como dijo horriblemente su poeta favorito. No me quejo de ello. Con una Naturaleza cómoda, la Humanidad no hubiera tenido la necesidad de inventar la arquitectura; y a mí me gustan más las casas que el aire libre. En una casa se tiene siempre la sensación de las proporciones exactas. Todo en ella está supeditado, dispuesto, construido para uso y goce nuestros. El propio egoísmo, tan necesario para el sentido auténtico de la dignidad humana, proviene siempre de la vida interior. De puertas afuera se convierte uno en algo abstracto e impersonal; nuestra propia personalidad desaparece. Y, además, ¡La Naturaleza es tan indiferente y despreciativa! Cada vez que me paseo por este parque me doy cuenta de que le importo lo mismo que el rebaño que pasta en una ladera o que la bardana que crece en la cuneta. La Naturaleza odia a la inteligencia; esto es evidente. Pensándolo bien, es la cosa más malsana que hay en el mundo, y la gente muere de esto como de cualquier otra enfermedad. Por fortuna, en Inglaterra al menos, el pensamiento no se contagia. Debemos a nuestra estupidez nacional el ser un pueblo físicamente magnífico. Confío en que algún día seremos capaces de conservar durante largos años futuros esa gran fortaleza histórica aunque temo que empezamos a refinarnos demasiado; incluso los que son incapaces de aprender se han dedicado a la enseñanza. Hasta eso ha llegado nuestro entusiasmo cultural. Mientras, usted hará mejor si regresa a su fastidiosa e incómoda Naturaleza y me deja a mí tranquilo para corregir estas pruebas.

CYRIL.- ¡Ha escrito un artículo! Eso no me parece muy consistente después de lo que usted me acaba de decir.

VIVIAN.- ¿Y quién quiere ser consistente? Solo el patán y el doctrinario, esa gente aburrida que lleva sus principios hasta el fin amargo de la acción, hasta la reductio ab absurdum de la práctica. Yo no. Al igual que Emerson, yo escribo la palabra "capricho" sobre la puerta de mi biblioteca. Por lo demás, mi artículo es una advertencia muy sana y valiosa. Si se le presta atención, podría producirse un nuevo Renacimiento del Arte.

CYRIL.- ¿De qué habla?

VIVIAN.- Pienso titularlo "La decadencia de la mentira. Protesta".

CYRIL.- ¡La mentira! Pensaba que nuestros políticos la usaban muy a menudo.

VIVIAN.- Pues siento decirle que está usted equivocado. Ellos no se elevan jamás por encima del nivel del hecho desfigurado y, peor que eso, consienten la demostración, la discutición, y la argumentación. ¡Qué diferente con el carácter del auténtico mentiroso, con sus palabras sinceras y valientes, su magnífica irresponsabilidad, su desprecio natural y sano hacia toda prueba! Porque después de todo, ¿qué es en realidad una bella mentira? Pues, sencillamente, la que posee su evidencia en sí misma. Si un hombre es lo bastante pobre de imaginación para aportar pruebas en apoyo de una mentira, mejor haría en decir la verdad. No, los políticos no mienten. Quizá pudiera decirse algo en favor de los abogados; éstos han conservado el manto del sofista. Sus fingidas vehemencias y su retórica irreal son deliciosas. Pueden hacer de la peor causa la mejor, como si acabasen de salir de las escuelas Leontinas y fueran populares por haber arrancado a un jurado huraño una absolución triunfal de sus defendidos, incluso cuando éstos, cosa que sucede muy a menudo, son indiscutiblemente inocentes. Pero el prosaísmo hace que se cohíban y no se avergüenzan en apelar a los precedentes. A pesar de sus esfuerzos, ha de triunfar la verdad. Los mismos diarios se han degenerado, ahora se les puede conceder absoluta confianza. Se nota esto al recorrer sus columnas. Siempre sucede lo ilegible. Temo no pueda decir gran cosa en defensa del abogado y del periodista. Además, yo defiendo la Mentira en el arte. ¿Quiere que le lea mi artículo? Pienso que le podrá ayudar a entender muchas cosas.

CYRIL.- Por supuesto, si me da usted un cigarrillo. Gracias. Y dígame, ¿para qué revista está escribiendo?

VIVIAN.- Para la Revista Retrospectiva. Creo que ya le dije que los elegidos han conseguido resucitarla.

CYRIL- ¿Quiénes son estos " elegidos"?

VIVIAN.- ¡Oh!, los Hedonistas Fatigados, claro está. Es un club al que pertenezco. Estamos obligados a ostentar, en nuestras reuniones, rosas mustias en el ojal y a profesar una especie de culto a Domiciano. Temo que no sea usted elegible: goza demasiado de los placeres sencillos.

CYRIL.- Supongo que sería derrotado por mi exagerada vitalidad.

VIVIAN.- Sí, estoy convencido de ello. Además pasa usted de la edad: no admitimos a ninguna persona de edad normal.

CYRIL.- Entonces, deben ustedes de aburrirse muchísimo.

VIVIAN.- Sí, mucho. Ese es uno de los fines de formar parte del club. Y ahora, si me promete usted no interrumpirme más, le leeré mi artículo.

CYRIL.- Perdone, le escucho.

VIVIAN (Leyendo en voz alta y clara.).- La decadencia de la mentira. Protesta. Una de las principales causas del carácter singularmente vulgar de casi toda la literatura contemporánea es, indudablemente, la decadencia de la mentira, considerada como arte, como ciencia y como placer social. Los antiguos historiadores nos presentaban ficciones deliciosas en formas de hechos; el novelista moderno nos presenta hechos estúpidos a guisa de ficciones. El Libro Azul se convierte rápidamente en su ideal, tanto por lo que se refiere al método como al estilo. Posee su fastidioso Documento humano, su miserable Rincón de la creación, que él escudriña con su microscopio. Se lo encuentra uno en la Biblioteca Nacional o en el Museo Británico, buscando con afanoso descaro su tema. Ni siquiera tiene el valor de las ideas apenas; con reiteración va directamente a la vida para todo, y, por último, entre las enciclopedias y su experiencia personal, fracasa miserablemente, después de bosquejar tipos copiados de su círculo familiar o de la lavandera semanal y de adquirir un lote importante de datos útiles de los que no puede librarse jamás por completo, ni aun en sus momentos de máxima meditación.

Sería difícil calcular la extensión de los daños causados a la literatura por ese falso ideal de nuestra época. La gente habla con ligereza del mentiroso nato como del poeta nato. Pero en ambos casos están equivocados. La mentira y la poesía son artes, que como observó Platón, no dejan de relacionarse mutuamente, y que requieren el más atento estudio, el fervor más desinteresado. Poseen, en efecto, su técnica, como las artes más materiales de la pintura y de la escritura tienen sus secretos sutiles de forma y de colorido, sus manipulaciones, sus métodos estudiados. Así como se conoce al poeta por su bella música, también se reconoce al mentiroso en sus articulaciones rítmicas, y en ningún caso la inspiración fortuita del momento podría bastar. En esto, como en todo, la práctica debe preceder a la perfección. Actualmente, cuando la moda de escribir versos se ha hecho demasiado corriente y debiera, en lo posible, ser refrenada, la moda de mentir ha caído en descrédito. Más de un muchacho debuta en la vida con un don espontáneo de imaginación, que alentado por un ambiente favorable y de igual índole, podría llegar a ser algo en verdad genial y maravilloso. Pero por regla general, ese muchacho no llega a nada o acaba adquiriendo costumbres insolentes de exactitud... " **CYRIL.-** ¡Querido amigo!

VIVIAN.- No me interrumpa... o acaba adquiriendo costumbres insolentes de exactitud o se dedica a frecuentar el trato de personas de edad o bien informadas". Dos cosas que son igual de fatales para su imaginación y para de cualquiera, y así en muy poco tiempo, manifiesta una facultad morbosa y malsana a decir la verdad, empieza a comprobar todos los asertos hechos en su presencia, no vacila en contradecir a las personas que son mucho más jóvenes que él y con frecuencia termina escribiendo novelas tan parecidas a la vida que nadie puede creer en su probabilidad. Este no es un caso aislado, sino simplemente un ejemplo tomado entre otros muchos; y si no se hace algo por refrenar o, al menos, por modificar nuestro culto monstruoso a los hechos, el arte se tornará estéril y la belleza desaparecerá a la Tierra.

Para este vicio moderno no le conozco ningún otro nombre, y es el responsable corromper al mismísimo Robert Louis Stevenson, ese maestro delicioso de la prosa fantástica y delicada. En verdad es despojar a una historia de su realidad el intentar hacerla demasiado verídica, y La flecha negra carece de arte hasta el punto de no contener ningún anacronismo del que pudiera alabarse su autor; en cambio, la transformación del "Doctor Jekyll" se parece de un modo peligroso a un caso sacado de The Lancet. En cuanto a Mr. Rider Haggard, que tiene o que tuvo en otro tiempo las facultades de un mentiroso perfectamente magnífico, siente ahora un miedo tal a que lo tomen por genio, que cuando nos cuenta algo maravilloso se cree en la obligación de inventar un recuerdo personal y de colocarlo en una llamada, como una especie de confirmación pusilánime. Y el resto de nuestros novelistas no valen mucho más. Mr. Henry James escribe fantasías, como si realizara un penoso deber y derrocha en asuntos mediocres y en insignificantes "puntos de vista" su estilo exquisito y literario, sus frases felices y su pronta y cáustica sátira. Hall Caine, es verdad que apunta a lo grandioso; pero escribe en el tono más agudo de su voz. Y es tan estridente, que no se oye nada de lo que dice. Mr. James Payn es un incondicional del arte de ocultar lo que no merece la pena descubrirse. Persigue a la evidencia con el entusiasmo de un detective miope. A medida que se pasan las páginas, su manera de intrigarnos llega a ser casi insoportable. Los caballos del faetón de Mr. William Black no ascienden hacia el sol. Se contentan con espantar al cielo nocturno con violentos efectos cromolitográficos. Viéndolos acercarse, los aldeanos se refugian en su dialecto. Oliphant charla de un modo muy divertido sobre los vicarios, los partidos de tenis y otros temas sin importancia. Marion Crawford se ha sacrificado sobre el altar del color local. Se parece a esa señora que en una comedia francesa habla sin cesar de le beau ciel d Italie. Además, incurre en la mala costumbre de formular sosas moralidades. Nos repite constantemente que ser bueno es ser bueno y que ser malo es ser malo. A veces es casi edificante. Robert Elsmere es, naturalmente, una obra maestra del *genre ennuyeux*, la única clase de literatura que parece gustar plenamente a los ingleses. Un joven soñador amigo nuestro nos decía que ese libro le recordaba la conversación sostenida a la hora del té por una familia conformista, y lo creemos fácilmente. En verdad, únicamente en Inglaterra podía aparecer un libro así. Inglaterra es el refugio de las ideas perdidas. En cuanto a esa gran escuela de novelistas que aumenta a diario, y para quienes el sol sale siempre en el East-End lo único que puede decirse de ellos es que se encuentran la vida cruda y la dejan sin cocer.

Los franceses, aunque no hayan escrito nada tan sumamente aburrido como Robert Elsmere, no lo hacen mucho mejor. Guy de Maupassant, con su penetrante y mordiente ironía y su estilo brillante y sólido, despoja a la vida de los pobres harapos que la cubren todavía y nos muestra llagas atroces y purulencias. Escribe sombrías y pequeñas tragedias, en las que todo el mundo es ridículo; comedias amargas que hacen reír y llorar. Émile Zola, fiel al principio altivo que formuló en uno de sus pronunciamientos literarios, El hombre de genio carece de espíritu está decidido a demostrar que, si él carece de genio, puede ser, menos, estúpido. ¡Y vaya si lo consigue! No le faltaba fuerza. A veces, en sus obras, como en Germinal, hay algo épico. Pero esta obra es mala desde su primera página, esto no desde el punto de vista moral, sino desde punto de vista artístico. Considerada su relación con una intriga cualquiera, es realmente lo que debe ser. El autor posee una veracidad perfecta y describe las cosas tal y como suceden. ¿Qué más puede desear un moralista? No sentimos la menor simpatía por la malsana nación moral de nuestra época contra Zola. Es puramente la indignación de Tartufo puesto en la picota, pero desde el punto de vista artístico, ¿qué puede decirse en favor del autor del Assommoir de Nana, de Pot-Bouille? Nada. Mr. Ruskin nos afirmaba una vez que los personajes de las novelas de George Eliot son "la basura de un ómnibus de Pentonville"; pero los personajes de M. Zola son peor todavía. Tienen vicios tristes y virtudes más tristes aún. La historia de sus vidas carece de interés en absoluto. ¿Quién se preocupa de lo que les sucede, de sus virtudes, más sombrías que sus vicios? En literatura nos gusta la distinción, el encanto, la belleza y el poder imaginativo. Los relatos sobre hechos y gestas de las clases bajas nos turban y nos asquean. Álphonse Daudet es mejor. Tiene ingenio, un toque ligero y un estilo divertido. Pero acaba de suicidarse, literariamente hablando. Nadie puede ya interesarse por Delobelle ni por su Es necesario luchar por el Arte, ni por Valmajour, con su eterno estribillo sobre el ruiseñor; ni por el poeta de Jack, con sus Palabras crueles, desde que se sabe por sus Veinte años de mi vida literaria, que el autor tomó directamente de la vida todos esos personajes. Nos parece que han perdido de pronto toda su vitalidad, las pocas cualidades que han podido tener. Los únicos personajes reales son los que no han existido jamás en este mundo; y si un novelista es lo bastante mediocre para tomar a sus héroes directamente de la vida, debe, al menos, decir que son creaciones suyas y no alabarlos como copias. La justificación de un personaje de novela está, no en que las otras personas son lo que son, sino en que el autor es lo que es. Si no la novela no es ya una obra de arte. En cuanto a Paul Bourget, el maestro de la novela psicológica, comete el error de imaginarse que los hombres y las mujeres de la vida moderna pueden ser analizados interminablemente en innumerables series de capítulos. Además, lo que interesa a la gente de la alta sociedad (y Bourget se escapa rara vez del barrio aristocrático de Saint-Germain, como no sea para ir a Londres) es la máscara que lleva cada una de ellas y no la realidad que se cobija bajo esa máscara. Resulta una confusión humillante; pero todos estamos hechos con el mismo barro. Hay en Falstaff algo de Hainlet, y a la inversa. El grueso caballero tiene sus ratos de melancolía, y el joven príncipe, sus instantes de grosera alegría. No nos diferenciamos unos de otros más que en pequeños detalles: la ropa, los modales, la voz, la religión, el físico, los gestos habituales y cosas así. Cuanto más se analiza a la gente, menos razones se encuentran para someterla a dicho análisis. Tarde o temprano se llega a esto que es tan terrible y universal; la naturaleza humana. Quienes han trabajado entre los pobres lo saben muy 'bien; la fraternidad humana no es un simple sueño del poeta sino una humillante y desalentadora realidad; todo escritor que ha estudiado con insistencia a la clase alta puede escribir igualmente sobre las vendedoras de cerillas o fruteras. Sin embargo, mi querido amigo, no le entretendré más sobre este tema. Admito de buena gana que las novelas modernas son excelentes bajo muchos aspectos. Pero insisto en que, como género, son totalmente inaceptables.

CYRIL.- Esa es una calificación gravísima. Aunque me parecen injustas algunas de sus críticas. Me gustan The Deemster, y The Daughter of Heth, y El discípulo, y Mister Isaac; en cuanto a Robert Elsmere, me encanta. No es que la tenga por una obra seria. Como exposición de los problemas que se imponen a los cristianos sinceros, el libro resulta bastante ridículo y obsoleto. Es sencillamente La Literatura y el Dogma, de Arnold, sin literatura. No son peores las Evidencias, de Paley, o el método de exégesis bíblica de Colenso. ¿Hay algo más patético que ese desdichado héroe que anuncia con gravedad una aurora rota que ha despuntado ya hace tiempo y que se equivoca tanto sobre su verdadero significado que anuncia su propósito de proseguir el asunto con un nuevo nombre? Pero el libro contiene hábiles caricaturas y muchas citas deliciosas; y la filosofía de Green endulza muy divertidamente la píldora un poco amarga de la moraleja. Me sorprende que no haya usted dicho nada de dos novelistas que lee usted continuamente: Balzac y George Meredith. Ambos escritores son claramente realistas, ¿no es así?

VIVIAN.- ¡Ah Meredith! ¿Quién podría definirlo? Su estilo es un caso iluminado por intermitentes relámpagos. Como escritor, es un maestro en todo, salvo en el idioma; como novelista, puede contarlo todo, excepto una historia; como artista, lo posee todo, menos la armonía. Alguien, en Shakespeare (Touchstone, creo), habla de un hombre que se esfuerza sin cesar en lucir su ingenio, y esto, a mi juicio, podría servir de base a una crítica del método de Meredith. Pero, en todo caso, no es un realista. O más bien diría yo que es un hijo del realismo reñido con su padre. Se ha hecho deliberadamente romántico. Se ha negado a prosternarse ante Baal, y aunque su delicado ingenio no se rebelase contra todo el alboroto del realismo, su estilo bastaría para mantener a la vida a respetuosa distancia. Ha plantado alrededor de su jardín un seto erizado de espinas y rojo de rosas maravillosas. En cuanto a Balzac, ofrece una notabilísima mezcla de temperamento artístico con el espíritu científico. Sus discípulos sólo han heredado este último don. La diferencia entre un libro como La taberna, de Zola, y las Ilusiones perdidas, de Balzac, es la que existe entre el realismo imaginativo y la realidad imaginada. "Todos los personajes de Balzac, según Baudelaire, poseen la misma ardiente vida de que él estaba animado. Todas sus ficciones están intensamente coloreadas como en sueños. Cada inteligencia es un arma cargada de voluntad hasta la boca. Hasta los pinches tienen talento." Una lectura continuada de Balzac vierte a nuestros amigos vivos en sombras y a otros conocidos en sombras de esas mismas sombras. Sus personajes tienen una vida ardiente. Nos dominan y desafían con su escepticismo. Una de las mayores desdichas de mi vida ha sido la muerte de Luciano de Rubempré; pena que no he podido superar jamás. Me atormenta en mis momentos de placer. La recuerdo cuando me río. Pero Balzac no es un realista, como lo fue Holbein. Creaba vida, no la copiaba. Reconozco sin embargo, que daba demasiada importancia a la modernidad de la forma,

y por eso ninguno de sus libros debe catalogarse como una obra maestra: Salambó o Esmond, The
Cloister and the Hearth, o El vizconde de Bragelonne.

CYRIL.- Entonces, ¿está usted en contra de la modernidad de la forma?

VIVIAN.- Totalmente. Es pagar un precio monstruoso a cambio de un paupérrimo resultado. La pura modernidad de forma tiene siempre algo vulgar. Y no puede ser de otro modo. El público se imagina que, porque se interesa por las cosas que lo rodean, el arte debe interesarse igualmente por ellas y tomarlas como temas. Pero el simple hecho de que aquél, es decir, el público, se interese por esas cosas las hace incompatibles con el Arte. Alguien lo ha dicho: lo único bello es lo que en realidad no nos concierne. En cuanto una cosa nos es útil o necesaria nos afecta de cualquier manera, pena o placer, o se dirige a nuestra simpatía, o es una parte vital del ambiente en que vivimos, está fuera del dominio del Arte. Tendríamos que ser indiferentes a los asuntos tratados por el Arte. Al menos deberíamos dejar de sentir preferencias, prejuicios, o parcialidad de ninguna clase. Precisamente porque Hécuba no nos afecta en nada es por lo que sus dolores son un asunto tan grandioso en la tragedia. No conozco nada más triste en toda la historia de la literatura que la carrera artística de Carlos Reade. Escribió un libro hermoso: The Cloister and the Hearth, tan superior a Romola como ésta lo es a Daniel Deronda, y echó a perder el resto de su vida en un esfuerzo estúpido por ser moderno y por atraer la atención del público sobre el estado de nuestras cárceles y sobre la administración de nuestros manicomios. Charles Dickens nos desilusionó realmente cuando intentó despertar nuestra simpatía por las víctimas de la administración legal de los hospicios; pero un artista, un erudito, un hombre que posee el verdadero sentido de la Belleza como Charles Reade, ¡acalorarse y gritar los abusos de la vida actual igual que un vulgar libelista o un periodista sensacional, es un espectáculo que hace llorar a los ángeles! Créame, mi querido Cyril, la modernidad de forma y de asunto son un perfecto error. Que consiste en tomar la librea común de nuestra época por la túnica de las Musas; en vivir, no en la ladera del Monte Sagrado con Apolo, sino en las calles sórdidas y en los horribles suburbios de nuestras viles ciudades. Raza degenerada, hemos vendido nuestra superioridad por un miserable plato de hechos...

CYRIL.- Encuentro que hay algo de cierto en sus palabras, sea cual sea el placer que podamos encontrar en la lectura de una novela moderna, gozamos raramente de un placer artístico releyéndola. Y este es quizá el mejor medio para reconocer lo que es realmente literatura. Si no se encuentra goce en leer y en releer un libro, es inútil leerlo ni siquiera una vez. Pero ¿qué opina usted de esa célebre panacea de renacer a la vida y a la Naturaleza que se nos vende siempre como recomendable?

VIVIAN.- Aunque el pasaje que trata de ese tema está más adelante, se lo voy a leer ahora:

"Volvamos a la Vida y a la Naturaleza; nos crearán un nuevo arte de sangre roja, que correrá por nuestras venas, de mano fuerte, de pies ligeros; he aquí el grito constante de nuestro tiempo. Pero, ¡ay!, sufrimos un desencanto en nuestros esfuerzos amables y bienintencionados. La Naturaleza va siempre atrasada respecto a la época. Y en cuanto a la vida, es el disolvente que desintegra el Arte, el enemigo que invade su fortaleza."

CYRIL.- ¿Qué significa eso de que la Naturaleza está siempre por detrás de la época?

VIVIAN.- La verdad es que es un poco misterioso. He aquí el sentido de esto. Si la Naturaleza significa el instinto simple y natural, opuesto a la cultura y a la ciencia, la obra producida bajo su influencia resulta siempre anticuada, caduca, pasada de moda. Un toque de Naturaleza puede consolidar al Universo, pero dos toques de Naturaleza destruyen cualquier obra de arte. Por otra parte, si consideramos a la Naturaleza como el conjunto de los fenómenos externos al hombre, no se ve en ella más que lo que se la aportó. Ella carece de toda inspiración. Wordsworth fue a los lagos, pero no llegó nunca a ser un poeta del lago. No encontró entre las piedras más que los sermones que había él ocultado allí. Se paseó, moralizando por toda la comarca; pero produjo lo mejor de su obra cuando volvió a la poesía y abandonó la Naturaleza. La poesía le dio Laodamia, sus bellos sonetos, y la gran Oda. La Naturaleza le consiguió Martha Ray y Peter Bell y también la dedicatoria a la azada de Mr. Wilkinson.

CYRIL.- Eso debe ser discutido. Me inclino más bien a creer en "la inspiración de un bosque primaveral", aunque, naturalmente, el valor artístico de tal inspiración dependa por entero del temperamento que la recibe, hasta el punto de que la vuelta a la Naturaleza sólo significaría la marcha hacia una gran personalidad. Creo que estará de acuerdo con ello. Perdone, continúe usted leyendo.

VIVIAN (Reiniciando su lectura.)- "El Arte se inicia con una decoración abstracta, por un trabajo puramente imaginativo y agradable aplicado tan sólo a lo irreal, a lo no existente. Esta es la primera etapa. La Vida, después, fascinada por esa nueva maravilla, solicita su entrada en el círculo encantado. El Arte toma a la Vida entre sus materiales toscos, la crea de nuevo y la vuelve a modelar en nuevas formas, y con una absoluta indiferencia por los hechos, inventa, imagina, sueña y conserva entre ella y la realidad la infranqueable barrera del bello estilo, del método decorativo o ideal. La tercera etapa se inicia cuando la Vida predomina y arroja al Arte al desierto. Esta es la verdadera decadencia que sufrimos actualmente.

Tomemos el caso del dogma inglés. Al principio, en manos de los frailes, el arte dramático fue abstracto, decorativo, mitológico. Después tomó la Vida a su servicio, y utilizando algunas de sus formas exteriores creó una raza de seres absolutamente nuevos, cuyos dolores fueron más terribles que ningún dolor humano y cuyas alegrías fueron más ardientes que las de un amante. Seres que poseían la rabia de los Titanes y la serenidad de los dioses, monstruosos y maravillosos pecados, virtudes monstruosas y maravillosas. Les dio un lenguaje diferente al lenguaje ordinario, sonoro, musical, dulcemente rimado, magnífico por su solemne cadencia, afinado por una rima caprichosa, ornado con pedrerías de palabras maravillosas y enriqueció una noble dicción. Vistió a sus hijos con espléndidos ropajes, les dio máscaras, y el mundo antiguo, a su mandato, salió de su tumba de mármol. Un nuevo César avanzó altivamente por las calles de Roma resucitada, y con velas de púrpura y remos movidos al son de las flautas, otra Cleopatra remontó el río, hacia Antioquía. Los viejos mitos y la leyenda y el ensueño recuperaron la forma. La Historia fue escrita otra vez de nuevo y no hubo dramaturgo que no reconociese que el fin del Arte es, no la verdad simple, sino la belleza compleja. Y esto era cierto. El Arte representa una forma de exageración, y la selección, es decir, su propia alma, no es más que una especie de énfasis.

Pero muy pronto la Vida destruyó la perfección de la forma. Incluso en Shakespeare podemos verlo de comienzo a fin. Se observa en la dislocación del verso libre en sus últimas obras, en el predominio de la prosa y en la excesiva importancia concedida al significado. Los numerosos pasajes de Shakespeare en que el lenguaje es barroco, vulgar, exagerado, extravagante, hasta obsceno, se los inspiró la Vida, que anhelaba un eco a su propia voz, rechazando la intervención del bello estilo, a través del cual puede únicamente expresarse. Shakespeare está lejos de ser un artista perfecto. Le gusta demasiado inspirarse directamente en la Vida, copiando su lenguaje mundano. Se olvida de que el arte lo abandona todo cuando abandona el instrumento de la Fantasía. Goethe dice en alguna parte:

Trabajando dentro de los límites es como se revela el maestro, y la limitación, la condición misma de todo arte, es el estilo. Pero, no nos detengamos más en el realismo de Shakespeare. La tempestades la más perfecta de las palinodias.

Lo que en realidad quiero demostrar es que la magnífica obra de los artistas de la época isabelina y de los Jacobitas contenía en sí el germen de su propia disolución, y que si adquirió algo de su fuerza utilizando la Vida como material, toda su flaqueza proviene de que fue tomada como método artístico. Como resultado inevitable de sustituir la creación por la imitación, de ese abandono de la forma imaginativa, surge el melodrama inglés moderno. Los personajes de esas obras hablan en escena exactamente lo mismo que hablarían fuera de ella; no tienen aspiraciones ni en el alma ni en las letras; están calcados de la vida y reproducen su vulgaridad hasta en los detalles más insignificantes; tienen el tipo, las maneras, el traje y el acento de la gente real; pasarían inadvertidas en un vagón de tercera clase... ¡Y qué aburridas son esas obras! No logran siquiera producir esa impresión de realidad a la que tienden y que constituye su única razón de ser. Como método, el realismo es un completo fracaso.

Y esto, que es cierto tratándose del drama y de la novela, no lo es menos en las artes que llamamos decorativas. La historia de esas artes en Europa es la lucha memorable entre el orientalismo, con su franca repulsa de toda copia, su amor a la convención artística y su odio hacia la representación de las cosas de la Naturaleza y de nuestro espíritu imitativo. Allí donde triunfó el primero, como en Bizancio, en Sicilia y en España por actual contacto, o en el resto de Europa por influencia de las Cruzadas, hemos tenido bellas obras imaginadas, donde las cosas visibles de la vida se convierten en artísticas convenciones, y las que no posee la Vida son inventadas y modeladas para su placer. Pero allí donde hemos vuelto a la Naturaleza y a la Vida, nuestra obra se ha hecho siempre vulgar, común y desprovista de interés. La tapicería moderna, con sus efectos aéreos, su cuidada perspectiva, sus amplias extensiones de cielo inútil, su fiel y laborioso realismo, no posee la menor belleza. Las vidrieras pintadas de Alemania son por completo detestables. En Inglaterra empezamos a tejer tapices admirables porque hemos vuelto al método y al espíritu orientales. Nuestros tapices y nuestras alfombras de veinte años atrás, con sus verdades solemnes y deprimentes, su vano culto a la Naturaleza, sus sórdidas copias de objetos tangibles, se han convertido, hasta para los filisteos, en motivo de risa. Un mahometano culto me hizo un día esta observación. "Vosotros, los cristianos, estáis obsesionados en interpretar mal el sentido del cuarto mandamiento, porque no habéis pensado nunca en aplicar artísticamente el segundo." Tenía toda la razón, y poseía la concluyente verdad sobre este tema que "la verdadera escuela de arte no es la Vida, sino el Arte".

Ahora permítame que le lea otro pasaje que me parece resolver esta cuestión de forma definitiva:

"No ha sido así siempre. Nada tengo que decir de los poetas, porque, con la desdichada excepción de Wordsworth, han permanecido realmente fieles a su elevada misión y son universalmente conocidos como gentes sobre las cuales se puede contar totalmente en las obras de Herodoto, al que, a pesar de las superficiales y mezquinas tentativas de los modernos escoliastas para comprobar la veracidad de su historia, puede llamarse con justicia, "el Padre de las Mentiras" en los discursos públicos de Cicerón y las biografías de Suetonio, en lo mejor de Tácito, en la Historia Natural de Plinio, el Periplo de Hannón en todas las Crónicas de los primeros tiempos, en las Vidas de los Santos, en Froisart y sir Thomas Mallory, en los Viajes de Marco Polo, en Olaus Magnus y Aldrovandi y Conrad Lycosthenes, con su magnífico Prodigiorum et Ostentorum Chronicon; en la autobiografía de Benvenuto Cellini, en las Memorias de Casanova, en la Historia de la Peste, por Defoe; en la Vida de Johnson, de Boswell ; en los despachos de Napoleón, y en las obras de nuestro querido Carlyle, cuya Revolución francesa es una de las novelas históricas más fascinadoras que se han escrito nunca: en todas estas obras, repito, los hechos se mantienen en el sitio subordinado que les corresponde o desechados al terreno de la estupidez. ¡Qué diferencia de antes! No sólo los hechos se introducen en la Historia, sino que además, usurpan el dominio de la Fantasía y el reino de la Ficción. Todo sufre su glacial contacto. Hacen vulgar a la Humanidad. El brutal mercantilismo de América, su espíritu materialista, su indiferencia por el aspecto poético de las cosas, su falta de imaginación y de elevados ideales inalcanzables, provienen de que ese país ha adoptado por héroe nacional a un hombre que, según su propia confesión, fue incapaz de mentir y no exagero al afirmar que la historia de George Washington y del cerezo han hecho más daño, y en un plazo más corto, que cualquier otro cuento de finalidad ética y moral"

CYRIL.- ¡Querido Vivian!...

VIVIAN.- No me cabe duda. Y lo mejor del caso es que esa historia del cerezo es tan sólo un mito. Pero no quiero que piense usted que desespero del porvenir artístico de América o de nuestro país. Escuche esto:

"Es evidente que ha de producirse un cambio antes de acabar este siglo. Cansada de la charlatanería fastidiosa y moralizadora de los que carecen de espíritu hiperbólico y de talento imaginativo, de esas personas inteligentes cuyos recuerdos se basan en la memoria y cuyas aseveraciones están limitadas por lo verosímil y pueden ver confirmadas sus palabras por cualquier filisteo presente, la sociedad volverá más tarde o más temprano a su líder perdido: al fascinante y refinado mentiroso. ¿Quién fue el primero que sin haber estado jamás en la terrible caza contó, al atardecer, a los asombrados trogloditas, cómo había arrancado al megaterio de las tinieblas purpúreas de su caverna de jaspe o cómo acabó con el mamut en genial lucha y trajo sus colmillos dorados? ¿Quién fue? No lo sabe nadie, y ninguno de nuestros antropólogos contemporáneos, toda su ciencia jactanciosa, ha tenido el valor de decírnoslo. Cualesquiera que hayan sido su nombre y su raza, él fue el verdadero fundador de las relaciones sociales. Porque el fin del mentiroso, que estriba sobre todo en seducir, en encantar, en dar placer es la base misma de la sociedad civilizada, y una comida sin él, aun en las casas más ilustres, es tan pesada como una conferencia en la Royal Society, como un debate en los Incorporated Autbors o como una de las comedias burlescas de Mr. Burnad.

Y la sociedad o será la única en dispensarle una buena acogida. El Arte evadiéndose de la cárcel del Realismo, saldrá a saludarlo y besará sus bellos labios engañosos, sabiendo que sólo él posee el secreto de todas sus manifestaciones, el secreto de que la Verdad es absoluta y enteramente cuestión de estilo, mientras que la Vida, la pobre, la probable, la poco interesante vida humana, harta de repetirse en beneficio de Herbert Spencer, de los teorizadores científicos y de los recopiladores de estadísticas en general, lo seguirá humildemente e intentará copiar con su torpe estilo y simple algunas de la maravillas que él refiera.

Sin duda habrá siempre críticos que, como cierto escritor de la Saturday Review censuren con grave gesto a un autor de cuentos de hadas su insuficiente conocimiento de la historia natural, que midan una obra de fantasía con su carencia de facultad imaginativa y que alcen horrorizados sus manos manchadas de tinta cuando algún honrado caballero, que jamás ha salido de entre los árboles de su jardín, escribía un libro de viajes fascinador, como sir John Mandeville o como el gran Raleigh, una historia universal sin saber nada del pasado. Para disculparse se ampararán bajo el escudo del que creó a Próspero el Mago y le dio a Calibán y a Ariel como servidores, al que oyó a los tritones soplar en sus caracoles en torno a los arrecifes de coral de la Isla Encantada y a las hadas cantarse unas a otras en un bosque cercano a Atenas; al que condujo a los reyes fantasmas en una procesión confusa entre los brazos brumosos de Escocia y escondió en una caverna a Hécate y a sus indómitas hermanas. Invocarán a Shakespeare como siempre, y citarán ese pasaje tan sobado sobre el Arte que ofrece un espejo a la Naturaleza, sin tener en cuenta que Hamlet usa precisamente este aforismo de forma deliberada para convencer a los espectadores de su total desconocimiento en materias artísticas."

CYRIL.- ¡Vaya! ¿Me da otro cigarrillo?...

VIVIAN.- Querido amigo, diga usted lo que quiera, esa no es más que una mera expresión escénica que tampoco significa lo que pensaba en realidad Shakespeare sobre el Arte, como las palabras de Yago no representan tampoco sus convicciones morales. Pero deje que termine de leer el párrafo:

"El Arte encuentra su perfección en sí mismo y no fuera de él. No hay que juzgarlo conforme a un modelo interior. Es un velo más que un espejo. Posee flores y aves desconocidas en todas las selvas. Crea y destruye mundos y puede arrancar la luna del cielo con un hilo escarlata. Suyas son las formas más reales que un ser viviente', suyos son los grandes arquetipos de que son copias imperfectas las cosas existentes. Para él la Naturaleza no tiene leyes ni uniformidad. Puede hacer milagros a voluntad, y los monstruos salen del abismo a su llamada. Puede ordenar al almendro que florezca en invierno y hacer que nieve sobre un campo de trigo en verano. A su voz, la helada coloca su dedo de plata sobre la boca ardorosa de junio, y los leones alados de las montañas Lidias salen de sus cavernas. Cuando pasa, las dríades lo espían desde la espesura y los faunos bronceados le sonríen de modo extraño. Lo adoran dioses con cabezas de halcón, y los centauros galopan junto a él."

CYRIL.- Eso me ha gustado. Me lo imagino. ¿Ha acabado?

VIVIAN.- Casi. Queda un último párrafo, aunque puramente práctico, y que sugiere simplemente algunos medios para resucitar el arte perdido de la Mentira.

CYRIL.- De acuerdo; pues antes que usted me lo lea quiero preguntarle algo. Dice usted que "la pobre, la probable, la poco interesante vida humana" intenta plagiar las maravillas del Arte. ¿Qué quiere usted decir con ello? Comprendo muy bien que se oponga a que el Arte sea considerado como un espejo, por genio quedaría reducido así a una simple luna. Pero no creerá usted seriamente que la Vida copia al Arte, y que tan sólo es su espejo.

VIVIAN.- Pues sí que lo creo. Aunque le parezca una contradicción (y las contradicciones son siempre peligrosas), no es menos cierto que la Vida imita al Arte mucho más que el Arte a la Vida. Todos hemos visto recientemente en Inglaterra cómo cierto tipo de belleza original y fascinante, inventado y acentuado por dos pintores imaginativos, ha influido de tal modo sobre la vida, que en todos los salones artísticos y en todas las exposiciones privadas se ven: aquí, los ojos místicos del ensueño de Rossetti, la esbelta garganta marfileña, la singular mandíbula cuadrada, la oscura cabellera flotante que él tan ardientemente amaba; allí la dulce pureza de La escalera de oro, la boca de flor y el lánguido encanto del Laus Amoris, el rostro pálido de pasión de Andrómeda, las manos finas y la flexible belleza de Viviana en el Sueño de Merlín. Y siempre era igual. Un gran artista inventa un tipo que la Vida intenta copiar y reproducir bajo una forma popular, como un editor emprendedor. Ni Holbein ni Van Dyck encontraron en Inglaterra lo que nos dejaron. Trajeron con ellos sus modelos, y la Vida, con su aguda facultad imitativa, empezó a proporcionar modelos al maestro. Los griegos, con su vivo instinto artístico, lo habían comprendido; colocaban en la estancia de la esposa la estatua de Hermes o la de Apolo para que los hijos de aquella fuesen tan bellos como las obras de arte que contemplaba, feliz o afligida. Sabían que la Vida, gracias al Arte, adquiere no tan sólo la espiritualidad, la hondura de pensamiento y de sentimiento, la turbación o la paz del alma, sino que puede adaptarse a las líneas y a los colores del Arte y reproducir la majestad de Fidias lo mismo que la gracia de Praxiteles. De aquí su aversión por el realismo. Pensaban, con razón, que los seres producen una inevitable fealdad y lo despreciaban por razones puramente sociales. Nosotros intentamos mejorar la raza mediante el aire puro, de la libre luz solar, del agua sana y de esas viviendas, horriblemente desnudas, para cobijar mejor a la clase baja. Y todo ello da salud, pero no belleza. Sólo al Arte produce belleza y los verdaderos discípulos de un gran artista no son sus imitadores de estudio, sino los que van haciéndose parecidos a sus obras, ya sean estas plásticas, en tiempos de los griegos, o pictóricas, como actualmente. En una palabra: la Vida es el mejor y único discípulo del Arte.

Y en literatura sucede lo mismo que en las artes visibles. El ejemplo más claro y más vulgar de esa ley nos lo proporciona el caso de esos pequeños cretinos que, por haber leído las aventuras de Jack Sheppard o de Dick Turpin, saquean los puestos de las pobres fruteras, desvalijan de noche las confiterías y aterrorizan a los viejos mientras regresan a sus casas en la oscuridad, arrojándose sobre ellos en las calles apartadas, con antifaces negros y pistolas descargadas. Este interesante fenómeno, que se deduce siempre después de aparecer una nueva edición de cualquiera de los libros mencionados, se atribuye casi siempre a la influencia de la literatura sobre la imaginación. Es un error. La imaginación es esencialmente creadora y busca siempre una nueva forma. El pequeño bandido es simplemente el inevitable resultado del instinto imitativo de la Vida. Es un Hecho, ocupado (como lo está siempre un hecho) en intentar reproducir una ficción, y lo que vemos en él se repite más ampliamente en la Vida en general... Schopenhauer ha estudiado el pesimismo; pero Hamlet es quien lo inventó. El mundo se ha vuelto triste porque, en el pasado, una marioneta fue melancolía. El nihilista, ese extraño mártir, que sin fe se encarama al cadalso sin entusiasmo y que pierde la vida por algo que no cree, es un puro producto literario. Lo inventó Turgueniev y más tarde lo perfeccionó Dostoyevski. Que Robespierre salió de las páginas de Rousseau es tan cierto como que el Palacio del Pueblo se levantó sobre los restos de una novela. La literatura se adelanta siempre a la Vida. No la copia, sino que la modela a su antojo. El siglo diecinueve, tal como lo conocemos, es en absoluto una invención de Balzac. Nuestros Lucianos de Rubempré, nuestros Rastignaes, nuestros De Marsays, aparecieron en la escena de la Comedia Humana. No hacemos más que practicar (con notas al pie de la página y con adiciones inútiles) el capricho, la fantasía o la visión creadora de un gran novelista. Un día pregunté a una dama que trató íntimamente a Thackeray si había él tenido algún modelo para Becky Sharp. Me respondió que Becky era pura invención, pero que la idea de aquel carácter le había sido sugerida en parte por una ama de gobierno que vivía en las cercanas de Kensington Square con una señora vieja, rica y muy egoísta. Le pregunté qué había sido de aquella ama de gobierno, y me contestó que, pocos años después de la aparición de Vanity Fair se fugó con el sobrino de la señora vieja, y durante una temporada escandalizó a toda aquella sociedad con el mismo estilo y los mismos métodos de mistress Rawdon Crowley. Y, finalmente, sufrió reveses y desapareció del continente, viéndosela de cuando en cuando en Montecarlo y en otros centros de juego. El noble caballero sobre el que esbozó, el mismo gran sentimental, su coronel Newcome, murió a los pocos meses de que The Newcomes alcanzara su cuarta edición, con la palabra "Adsum" en los labios. Poco después de publicar Stevenson su curioso relato psicológico de transformación, un amigo mío, llamado mister Hyde, se encontraba al norte de Londres, y, en su prisa por llegar a una estación, tomó el camino que creyó más corto y se perdió, encontrándose en un laberinto de calles sórdidas aspecto siniestro. Con los nervios a flor de piel, empezó a correr, cuando de pronto un chiquillo que salió de un pasaje abovedado, vino a meterse e sus piernas y cayó sobre la acera. Mister Hyde tropezó con él y lo pisó; el golfillo, lleno de miedo y un poco magullado, se puso a gritar, y en unos segundos la calle se llenó de gentes miserables que salieron de las casas como hormigas. Rodearon a mi amigo, preguntándole cómo se llamaba. Iba él a decirlo, cuando recordó de repente el incidente con que empieza el relato de Stevenson. Horrorizado ante la idea de vivir aquella escena terrible y tan bien escrita, y de repetir el acto que el Hyde de la ficción realiza deliberadamente, huyó a toda velocidad. Perseguido de cerca, acabó por refugiarse en un laboratorio, raramente abierto, y allí explicó a un joven médico ayudante lo que le acababa de pasar. Gracias a una pequeña suma, pudieron alejar a la multitud humanitaria, y, una vez aquello quedó solitario y tranquilo, se fue. Al salir, el nombre grabado sobre la placa de cobre de la puerta atrajo su mirada:

Era "Jekyll". Por lo menos, tenía que serlo.

Aquí, la imitación, por lejos que fuera llevada, era absolutamente accidental. En el caso siguiente, esa imitación fue consciente. En mil ochocientos setenta y nueve, recién salido de Oxford, conocí en casa de un representante diplomático a una dama de una belleza peculiarmente exótica. Nos hicimos muy amigos y pasábamos mucho tiempo juntos. Me interesaba más su carácter que su belleza, ya que era una mujer muy decidida. Parecía carecer de toda personalidad; pero poseía la facultad de representar a muchas. En ocasiones se consagraba al Arte totalmente, convertía su salón en un estudio y se pasaba dos o tres días por semana yendo a distintas galerías de pintura y museos. O bien frecuentaba las carreras de caballos, luciendo sus ropas más deportivas y no hablando más que de apuestas. Dejaba la religión por el mesmerismo, éste y la política por las emociones melodramáticas de la filantropía. Era, en suma, una especie de Proteo, y tuvo el mismo fracaso en sus transformaciones que aquel asombroso dios marino cuando Ulises lo atrapó. Un día empezó a publicarse una novela en una revista francesa. En aquella época leía yo esa clase de literatura, y recuerdo mi gran sorpresa al llegar a la descripción de la heroína.

Era tan parecida a mi amiga, que llevé la revista. Ella misma se reconoció al momento y pareció fascinada por la semejanza. Debo decirle de paso que la obra estaba traducida de un escritor ruso fallecido, de modo que el autor no había podido tomar a mi amiga por modelo. Abreviando: algunos meses después, hallándome en Venecia, vi la revista en el salón del hotel y la abrí para conocer cuál era la suerte de la heroína. Se trataba de una historia lamentable. La joven había acabado por fugarse con un hombre de clase inferior, social moral e intelectualmente. Escribí aquella misma noche a mi amiga, dándole mi opinión sobre Giovanni Bellini, los admirables helados de "Florian" y el valor artístico de las góndolas, y añadí una posdata para decirle que su "doble" del relato se había comportado muy neciamente. No sé por qué añadí aquellas líneas; pero recuerdo que me obsesionaba el temor de verla imitar a la heroína. Y antes que mi carta le llegase, se fugó con un hombre, que la abandonó seis meses después. La volví a ver en mil ochocientos ochenta y cuatro, en París, donde vivía con su madre, y le pregunté si aquella narración era responsable de su acto. Me confesó que se había sentido impulsada por una fuerza irresistible a seguir paso a paso a la heroína en su marcha extraña y fatal, y que fue presa de un auténtico terror mientras esperaba los últimos capítulos. Cuando se publicaron, le pareció que estaba obligada a copiarlos, y así lo hizo. Este es un eje clarísimo y extraordinariamente trágico de ese instinto imitativo de que yo hablaba hace un momento.

Pero, no quiero insistir más en esos ejemplos individuales y aislados. La experiencia personal es un círculo vicioso y limitado. Todo lo que deseo demostrar es este principio general: La Vida imita al Arte mucho más que el Arte a la Vida. Y estoy seguro de que si reflexiona usted sobre ello, verá que tengo razón. La Vida tiende el espejo al Arte y reproduce algún tipo extraño imaginado por el pintor o el escultor, o realiza con hechos lo que ha sido soñado como ficción. Científicamente hablando, la base de la Vida (la energía de la Vida como decía Aristóteles) es sencillamente el deseo de expresarse. Y el Arte nos ofrece siempre formas variadas para llegar a esa expresión. La Vida se apodera de ellas y las pone en práctica, aunque la hieran. Se han suicidado muchos jóvenes porque Rolla y Werther se suicidaron. Y piense usted en lo que debemos por ejemplo a la imitación de Cristo o a la de César mismo.

CYRIL.- He de admitir que la teoría es muy interesante; pero para completarla necesita usted demostrar que la Naturaleza es como la Vida: una imitación del Arte. ¿Podría hacerlo?

VIVIAN.- Claro que podría, mi querido amigo.

CYRIL.- ¿Así que la Naturaleza sigue al paisajista y copia todos sus efectos?

VIVIAN.- Así es. ¿A quiénes si no a los impresionistas debemos esas admirables brumas oscuras que caen suavemente en nuestras calles, esfumando los faroles de gas y transformando las casas en sombras espantosas? ¿A quiénes sino a ellos y a su maestro debemos las difusas nubes plateadas que flotan sobre nuestros ríos, formando sutiles masas de una gracia moribunda, con el puente en curva y la barca balanceándose? El cambio extraordinario por que ha pasado el clima de Londres durante estos diez últimos años se debe por entero a esa escuela artística particular. ¿Le hace gracia? Considere el tema desde el punto de vista científico o metafísico, y verá que tengo razón. En efecto: ¿qué es la Naturaleza? No es la madre que nos dio la luz: es creación nuestra. Despierta ella a la vida en nuestro cerebro. Las cosas existen porque las vemos, y lo que vemos y como lo vemos depende de las artes que han influido sobre nosotros. Mirar una cosa y verla son actos muy distintos. No se ve una cosa hasta que se ha comprendido su belleza. Entonces y sólo entonces nace a la existencia. Ahora la gente ve la bruma, no porque la haya, sino porque unos poetas y unos pintores le han enseñado el encanto misterioso de sus efectos. Nieblas han podido existir en Londres durante siglos. Hasta me atrevo a decir que no han faltado nunca. Pero nadie las vio, y por eso no sabíamos nada ellas. No existieron hasta el día en que el Arte las inventó. Y actualmente confieso que se abusa de las brumas. Se han convertido en burdo amaneramiento de una pandilla, y el realismo exagerado de su método provoca bronquitis en los imbéciles. Allí donde el hombre culto capta un efecto, el hombre ignorante coge un enfriamiento. Seamos, pues, humanos e invitemos al Arte a que mire con sus admirables ojos hacia otro lado. Lo ha hecho ya, por lo demás; esa luz blanca y estremecida que se ve ahora en Francia, con sus extrañas y malvas granulaciones y sus movedizas sombras doradas, es su última fantasía, y la Naturaleza la reproduce de admirable manera. Allí donde nos daba unos Corot o unos Daubigny, nos da ahora unos exquisitos Monet y unos Pissarro realmente encantadores. Es verdad que hay momentos raros, pero puede observarse de vez en cuando, que la Naturaleza se hace completamente moderna en ellos. Evidentemente, no hay que fiarse nunca de ella. Ya que se encuentra en una desdichada posición. El Arte crea un efecto incomparable y único, y luego pasa otra cosa. La Naturaleza, olvidando que la imitación puede vertirse en la forma más sincera del insulto, se dedica a repetir ese efecto hasta hastiarnos. Hoy, sin ir más lejos, no hay nadie verdaderamente culto que hable ya de la belleza de una puesta de sol. Los atardeceres han pasado de moda totalmente. Pertenecen a la época en que Turner era la última palabra en cuestiones de Arte. Admirarlas es una clara señal de provincianismo. Por otra parte, van desapareciendo. Anoche, mistress Arundel insistió para que fuera yo a la ventana a contemplar un "cielo de gloria", según sus palabras. Obedecí, naturalmente, porque es una de esas filisteas absurdamente bonitas a las que uno no puede decir que no. ¿Y qué es lo que vi? Pues, sencillamente, un Turner bastante mediocre, un Turner de la mala época donde todos los defectos del pintor estaban exagerados, acentuados hasta el límite. Por otra parte, estoy dispuesto a admitir que la vida comete a menudo errores parecidos. Produce sus falsos Renés y sus Vautrins falsificados, exactamente lo mismo que la Naturaleza nos da un día un Cuyp sospechoso y al día siguiente un Rousseau más que discutible. Pero la Naturaleza, cuando cosas de estas, nos enfada más aún. ¡Nos parece tan estúpida, tan evidente, tan inútil! La copia de un Vautrin puede ser delicioso. Pero, no quiero ser demasiado severo con la Naturaleza; espero que Canal, sobre todo en Hansting, no se parezca en demasiadas ocasiones a un Henry Moore gris perla con luces amarillas; pero cuando el Arte sea más variado, la Naturaleza será también, más variada. Que imita al Arte, no creo que pueda negarlo ni su peor enemigo. Es su único punto de contacto con el hombre civilizado. Pero ¿he conseguido probar mi teoría, querido amigo?

CYRIL.- Desde luego. Pero, aun admitiendo ese extraño instinto imitativo de la Vida y de la Naturaleza, reconocerá usted al menos que el Arte expresa el carácter de su época, el espíritu de su tiempo, las condiciones sociales y morales de su entorno y bajo cuya influencia nace.

VIVIAN.- ¡No, ni hablar de eso! El Arte no expresa nada más que a sí mismo. Es el principio de mi nueva estética, principio que hace, más aún que esa conexión esencial entre la forma y la sustancia, sobre la cual insiste mister Pater, de la música, el tipo de todas las artes. Naturalmente, las naciones y los individuos, con esa divina vanidad natural que es el secreto de la existencia, se imaginan que las musas hablan de ellos e intentan hallar, en la tranquila dignidad del Arte imaginativo, un espejo de sus turbias pasiones, olvidando así que el cantor de la Vida no es Apolo, sino Marsias. Alejado de la realidad, apartados los ojos de las sombras de la caverna, el Arte revela su propia perfección y la multitud sorprendida que observa la florescencia de la maravillosa rosa de pétalos múltiples sueña que es su propia historia la que le cuenta que es su propio espíritu el que acaba de expresarse bajo una nueva forma. Pero no es así. El Arte superior rechaza la carga del espíritu humano y halla más interesante un procedimiento o unos males inéditos que un entusiasmo cualquiera por el arte, que en cualquier elevada pasión o que cualquier gran despertar de la conciencia humana. Se desarrolla de forma pura, según sus propias líneas. No es símbolo de ninguna época. Las épocas son símbolos suyos.

Aun aquellos que consideran el Arte como representativo de una época, de un lugar y de una comunidad, reconocen que cuanto más imitativo es el arte, mejor representa el espíritu de su tiempo. Los rostros y versos de los emperadores romanos nos miran desde ese pórfido oscuro y ese jasque moteado en que les gustaba trabajar a los realistas de aquella época, y se nos ocurre pensar que en esos labios crueles y en esas mandíbulas dominantes y sensuales podían descubrir el secreto de la ruina se su Imperio glorioso. Pero estaban equivocados. Los vicios de Tiberio no podían destruir aquella civilización suprema, como tampoco podían salvarla las virtudes de los Antoninos. Se derrumbó por otros motivos menos interesantes. Las sibilas y los profetas de la Capilla Sixtina pueden servirnos para interpretar aquella resurrección de la libertad espiritual que denominamos Renacimiento. Pero ¿qué pueden decirnos de la gran alma de Holanda los palurdos beodos y pendencieros de los artistas de ese país? Cuando más abstracto e ideal es un arte, mejor nos revela el carácter de su tiempo. Si queremos comprender a una nación por su arte, hagámoslo a través del estudio de su arquitectura y su música.

CYRIL.- En eso, estoy de acuerdo con usted. El espíritu de una época puede hallar su mejor expresión en las artes abstractas, ideales, porque el espíritu mismo es ideal y abstracto. Pero, en lo tocante al aspecto visible de una época, a su parte exterior, por así decirlo, tenemos, sin duda, que dirigirnos a las artes imitativas.

VIVIAN.- Yo no creo que sea sí. Después de todo, las artes imitativas nos ofrecen tan sólo los estilos variados de diferentes artistas o de ciertas escuelas artísticas. Realmente, no se imaginará usted que las gentes de la Edad Media se parecían a las figuras reproducidas en las vidrieras, en los tapices, en las esculturas de piedra o madera, en los metales trabajados o en los manuscritos miniados de la época. Eran, probablemente, gentes de físico corriente, sin nada grotesco, notable o fantástico. La Edad Media, tal como la conocemos en Arte, es simplemente una forma definida de estilo, y no hay ninguna razón para que un artista que tenga ese estilo nazca en el siglo diecinueve. Ningún gran artista ve las cosas tales como son en realidad. Si las viese así dejaría de ser un artista. Tomemos un ejemplo de nuestra época. Sé que usted es un amante de los objetos japoneses. Pero ¿cree acaso, mi querido amigo, que han existido nunca japoneses tales como ese arte los representa? Si lo cree usted, es que no ha comprendido nunca nada del arte japonés. Los japoneses son la creación reflexiva y consciente de ciertos artistas. Examine usted un cuadro de Hokusai, o de Kokkei, o de algún otro pintor de ese país, y después haga lo propio con una dama o un caballero japoneses reales, y verá usted cómo no hay el menor parecido entre ellos. Las gentes que viven en el Japón no se diferencian de los ingleses tampoco. Es decir, que son también asombrosamente vulgares y no tienen nada curioso o extraordinario. Por lo demás, todo el Japón es una pura invención. No existe semejante país ni tales habitantes. Recientemente, uno de nuestros pintores más exquisitos fue al país de los crisantemos con la tonta esperanza de ver allí japoneses. Todo lo que vio y tuvo ocasión de pintar fueron farolillos y abanicos. Como lo ha revelado su deliciosa Exposición en la Galería Dowdeswell no pudo descubrir a sus habitantes. No sabía que los japoneses son, como ya he dicho, un modo de estilo simplemente, de exquisita fantasía artística. De manera que si usted quiere ver un efecto japonés, no vaya a Tokio. Todo lo contrario, quédese usted en casa y entréguese de lleno a la obra de ciertos artistas japoneses, y entonces, cuando haya usted asimilado el alma de su estilo y captado su visión imaginativa, vaya por la tarde a pasearse por el Parque o por Piccadilly, y si ve usted allí efectos japoneses, no los verá en ningún otro sitio. O bien, volviendo otra vez al pasado, mire este otro ejemplo: los antiguos griegos. ¿Cree usted que el arte griego nos ha dicho nunca que ellos eran los habitantes de Grecia? ¿Cree usted que los atenienses se parecían a las majestuosas figuras de frisos del Partenón o a esas admirables diosas sentadas en el frontón triangular de ese monumento?

Según su Arte, tendríamos que creerlo. Pero lea usted una autoridad de entonces, Aristófanes, por ejemplo. Verá usted que las damas atenienses se encorsetaban estrechamente, llevaban calzado de altos tacones, se teñían el pelo de amarillo y se pintaban exactamente igual que una necia elegante o que una cortesana de ahora. Juzgamos el pasado conforme al Arte, y el Arte, demos gracias, jamás ofrece la verdad.

CYRIL.- Entonces ¿qué opina usted de los retratos modernos de los pintores ingleses? Creo que se parecen bastante a las personas a quienes pretenden representar, ¿no es así?

VIVIAN.- Totalmente; se parecen tanto a los modelos, que dentro de cien años nadie creerá en la existencia de aquéllos. Los únicos retratos en que se cree son aquellos en los que haya muy poco del modelo mucho del artista. Los últimos dibujos hechos por Holbein de hombres y de mujeres de su época nos parecen asombrosamente reales, simplemente porque Holbein obligó a la Vida a aceptar sus condiciones, a mantenerse dentro de los límites que él mismo fijó, a reproducir su tipo y a parecer tal como él quería que pareciese. Es el estilo y únicamente el estilo el que nos hace creer en algo. La gran mayoría de nuestros pintores de retratos modernos están sentenciados al olvido más absoluto. Sólo pintan lo que ven o lo que ve el espectador, y éste no ve nada jamás.

CYRIL.- Bien; llegados a este punto, me gustaría oír el final de su interesante artículo.

VIVAN.- Gracias. Espero que le sirva de alguna utilidad. No sé si le servirá. Nuestro siglo es realmente el más prosaico y el más estúpido que ha habido nunca. Incluso el Sueño nos defrauda; ha cerrado las puertas de marfil y ha abierto las de cuerno. Los sueños de la nutrida clase media de este país tales como se narran en dos gruesos volúmenes escritos por mister Myers y en las Transactions of the Psychical Society, son de lo más deprimente que he leído. No hay en ellos ni una bella pesadilla. Son vulgares, sórdidos y aburridos. En cuanto a la Iglesia, no concibo nada mejor para la cultura del país que la creación de un cuerpo de hombres cuyo deber sea creer en lo sobrenatural, realizar milagros cotidianos y contribuir a la conservación del misticismo, tan esencial para la imaginación. Pero en la iglesia de Inglaterra se triunfa menos con la fe que con la incredulidad. Es la única en que los escépticos ocupan el pináculo y en que se considera a Santo Tomás como al apóstol más ideal. Más de un digno pastor que pasa su vida haciendo obras de caridad vive oscuramente y muere desconocido. Pero basta con que cualquier superficial e ignorante advenedizo, recién salido de una de nuestras Universidades, suba al púlpito y exprese sus dudas sobre el Arca de Noé, el asno de Balaam o Jonás y la ballena, para que medio Londres vaya a oírlo y se quede boquiabierto de admiración por su soberbia inteligencia. Lamentemos el desarrollo del sentido común en la Iglesia de Inglaterra. Es, en realidad, una concesión degradante a una forma de realismo, que se debe al desconocimiento más absoluto de la psicología. El hombre puede creer en algo imposible; pero no puede nunca creer en lo impredecible. Como sea, ahora debo leer el final de mi artículo:

"Lo que tenemos que hacer, lo que es en todo caso nuestro deber, es hacer que resucite ese arte antiguo de la Mentira. Los aficionados en su círculo familiar, en los lunchs literarios y en los tés de las cinco, pueden hacer mucho por la educación del gran público. Pero éste no es más que el lado bueno de la Mentira, tal como se practicaba en los ágapes cretenses. Hay otras muchas formas. Mentir para lograr una inmediata ventaja personal, mentir con un fin moral, como suele decirse, era muy corriente en la antigüedad, aunque de ahí en adelante se apreciase cada vez menos. Atenea se ríe oyendo a Ulises "sus palabras de sutil burla", según la expresión de mister Williams Morris. La gloria de la mendicidad ilumina la pálida frente del héroe intachable de la tragedia de Eurípides y sitúa en el rango de las nobles mujeres del pasado a la juvenil esposa de una de las más exquisitas odas de Horacio. Más tarde, al principio sólo había sido un instinto natural, llegó a convertirse en una ciencia razonada. Se redactaron leyes estrictas para guiar a los Hombres y se formó una importante escuela literaria para estudiar este tema. Realmente cuando se recuerda el excelente tratado filosófico de Sánchez sobre toda esta cuestión, hay que lamentar que nadie haya pensado nunca en hacer una edición resumida y popular de las obras de ese importante casuista. Un pequeño breviario, titulado Cuándo y cómo debe mentirse, redactado de forma atractiva, a buen precio, lograría una gran venta y prestaría notables servicios a mucha gente seria y culta. Mentir con el fin de fomentar el progreso de la juventud es la base de la educación familiar, y sus ventajas quedan demostradas tan admirablemente en los primeros libros de La República, de Platón, que es inútil insistir. Es un género de mentira para el cual poseen especial disposición las buenas madres de familia, aunque se presta a un mayor desarrollo y ha sido desdeñado lamentablemente por la School Board. Mentir por un salario mensual es cosa muy corriente en Fleet Street, y el puesto de líder político en un diario tiene sus ventajas; pero es ésa, según dicen, una ocupación algo estúpida y que no lleva más que a una especie de fastuosa oscuridad. La única forma irreprochable es, como hemos demostrado, la Mentira por sí misma, y el más elevado desarrollo que pueda alcanzar es la mentira en Arte. De la misma manera que a los que no prefieren Platón a la Verdad les está prohibido entrar en Academos, tampoco los que no prefieren la Belleza a la Verdad pueden entrar en el templo secreto del Arte. El sólido y pesado intelecto británico yace en la arena del desierto como la esfinge del maravilloso cuento de Flaubert; y la fantasía de La chimére danza en torno a él y le llama con voz falaz a los sones de la flauta. No puede actualmente oírla; pero algún día, cuando estemos hartos de la vulgaridad de la ficción moderna, la oirá e intentará utilizar sus alas.

Y cuando despunte esa aurora o ese crepúsculo se vuelva color púrpura, ¿cuál será nuestra sorpresa? Los hechos serán despreciados, la Verdad llorará sobre sus cadenas y la Ficción maravillosa reaparecerá en la Tierra. El físico mismo del mundo cambiará ante el asombro de nuestras miradas maravilladas. Behemoth y Leviatán surgirán del mar y nadarán alrededor de las galeras de elevada popa, como sobre esas maravillosas cartas marinas de antaño, cuando los libros de geografía podían leerse. Los dragones recorrerán los desiertos y el fénix levantará el vuelo desde su nido hacia el sol. Cogeremos el basilisco y podremos ver en la cabeza del sapo, la piedra preciosa allí engastada. El Hipogrifo mascará su avena dorada en cuadras y será nuestra dócil cabalgadura y el Pájaro Azul se cernirá sobre nosotros, cantando hechos imposibles y bellos, historias adorables que no suceden nunca, historias que no son y que podrían ser. Pero antes de llegar a eso debemos recuperar el arte perdido de la Mentira."

CYRIL.- Entonces recuperémoslo ya, ahora. Para evitar cualquier error, le ruego que me resuma en dos palabras las doctrinas de la Nueva Estética.

VIVIAN.- Son éstas, así brevemente. El Arte no se expresa más que a sí mismo. Tiene una vida independiente, como el pensamiento, y se desarrolla puramente en un sentido que le es peculiar. No es necesariamente realista en una época de realismo, ni espiritual en una época de fe. Lejos de ser creación de su tiempo está generalmente en oposición directa con él, y la única historia que nos ofrece es la de su propio desarrollo. A veces vuelve sobre sus pasos y resucita en alguna forma antigua, como sucedió en el movimiento arcaico del último arte griego y en el movimiento prerrafaelista contemporáneo. Otras veces se adelanta a su época y produce una obra que otro siglo posterior sabrá comprender y apreciar. En ningún caso representa su época. Pasar del arte de una época a la época misma es el gran error que cometen todos los historiadores.

La segunda doctrina es ésta. Todo arte mediocre proviene de una vuelta a la Vida y a la Naturaleza y de haber intentado elevarlas a la altura de ideales. La Vida y la Naturaleza pueden ser utilizadas a veces como parte integrante de los materiales artísticos: pero antes deben ser traducidas en convenciones artísticas. Cuando el arte deja de ser imaginativo, fenece. El realismo como método, es un completo fracaso, y el artista debe evitar la modernidad en la forma y también la modernidad del tema. A nosotros que vivimos en el siglo diecinueve, cualquier otro siglo, menos el nuestro, puede ofrecer un asunto artístico apropiado. Las únicas cosas bellas son las que no nos afectan personalmente. Citando gustoso, diré que precisamente porque Hécuba no tiene nada que ver con nosotros, es por lo que sus dolores constituyen un motivo trágico adecuado. Además, lo moderno se torna anticuado siempre. Zola se sienta para trazarnos un cuadro del Segundo Imperio. ¿A quién le interesa hoy el Segundo Imperio? Está pasado de moda. La vida avanza más deprisa que el Realismo; pero el Romanticismo precede siempre a la vida.

La tercera doctrina es que la Vida imita al Arte mucho más que el Arte imita a la Vida. Lo cual proviene no sólo del instinto imitativo de la Vida, sino del hecho de que el fin consciente de la Vida es hallar su expresión, y el Arte le ofrece ciertas formas de belleza para la realización de esa energía. Esta teoría, inédita hasta ahora, es extraordinariamente fecunda y arroja una luz enteramente nueva sobre la historia del Arte.

De todo ello deducimos, a modo de corolario, que también la Naturaleza exterior imita al Arte. Los únicos efectos que puede mostrarnos son los que habíamos visto ya en poesía o en pintura. Este es el secreto del encanto de la Naturaleza y asimismo la explicación de su debilidad.

La revelación final es que la Mentira, o sea, el relato de las cosas bellas y falsas, es la finalidad misma del Arte. Pero ya he hablado de esto bastante. Ahora, salgamos a la terraza, donde "el pavo real blanco muere como un fantasma", mientras la estrella nocturna "baña de plata el gris cielo". Al caer la oscuridad, la Naturaleza es de un efecto increíblemente sugestivo y lleno de belleza, aunque quizá sirva sobre todo para ilustrar citas de poetas. ¡Vamos! Ya hemos hablado suficiente.

Pluma, lápiz y veneno

A menudo, la gente reprocha a los escritores y artistas que sólo sean hombres de acción de un modo imperfecto e incompleto. Y sin embargo, es muy normal que así sea. Esa concentración del pensamiento, ese ardor vehemente que caracterizan el temperamento del artista, excluyen a la fuerza las otras cualidades. Para aquellos a quienes viven preocupados por la belleza de la forma no existe ya nada más en el mundo que tenga verdadera importancia. No obstante lo cual, abundan las excepciones a esta regla. Rubens fue embajador; Goethe, consejero de Estado, y Milton, secretario latino de Cromwell. De la misma manera, Sófocles desempeñó cargos cívicos en su ciudad natal; la suprema aspiración de los humoristas, críticos y novelistas de la América moderna es llegar a ser representantes diplomáticos de su país en el extranjero. En cuanto a Thomas Griffiths Wainewrigth, amigo de Charles Lamb y objeto de este breve estudio, a pesar de su temperamento, muy artístico, tuvo, además del arte, otros muchos maestros y no se contentó tan sólo con ser poeta, crítico de arte, anticuario, prosista, aficionado a todo lo bello y gustador de todo lo delicioso, sino que fue también un falsificador de una habilidad prodigiosa y un sutil y misterioso envenenador, acaso sin rival en época alguna.

Este hombre, tan notable y poderoso con "la pluma, el lápiz y el veneno", como ha dicho bellamente un importante poeta de nuestra época, nació en Cheswick en 1794. Su padre era hijo de un distinguido abogado de Grays Inn y de Hatton Garden, y su madre, hija del célebre doctor Griffiths, director y fundador de la Revista Mensual y socio, en otra empresa literaria de Thomas Davies, aquel famoso librero del que Jhonson dijo que no era un librero, sino un "gentilhombre dedicado a los libros", amigo de Goldsmith de Wedgwood y uno de los hombres más célebres su tiempo. La señora Wainewright falleció a los veintiún años al darlo a luz; un artículo necrológico Gentlemen's Magazine nos habla del "carácter amable y de las grandes dotes de talento" de la difunta, y termina con estas palabras elogiosas: "Pasaba por ser la persona que mejor ha entendido los escritos de Mr. Locke, bien como cualquier persona contemporánea, ya fuera hombre o mujer." El padre también murió pronto, y Thomas fue educado, sin duda, por su abuelo, y cuando éste murió, en 1803, le educó su tío George Edward Griffith, a quien después envenenó. Su infancia transcurrió en Linden House, Furnham Green, una de esas maravillosas fincas que han hecho desaparecer desgraciadamente las invasoras edificaciones de nuestros contratistas suburbanos. Aquel poblado parque de bellos sombrajos provocó en él un amor sencillo y tranquilo a la Naturaleza, que no debía abandonarlo nunca y que le hizo con el tiempo enormemente sensible a la inspiración poética moralizante de Wordsworth. Estudió en la Academia de Charles Burney, en Hammersmith. Mr. Burney, hijo de un historiador de la música y el pariente más cercano del joven, que debía llegar a ser su discípulo notable, fue, según parece, un hombre de gran cultura y pasados los años, Mr. Wainewright lo citaba muy a menudo, con mucho afecto, como filósofo, arqueólogo y profesor admirable, que, apreciando en su justa medida la educación intelectual no ignoraba tampoco toda la importancia de una precoz educación moral. Bajo su influencia el joven se hizo artista, y Mr. Hazzlitt nos habla de un álbum de dibujos que aún existe y en el cual Wainewrigth muestra ya mucho talento y una peculiar sensibilidad. En realidad, la pintura fue el arte que primero lo fascinó. Sólo mucho después intentó expresarse por medio de la pluma y del veneno. Antes de llegar a eso, novelas, sueños juveniles y caballerescos lo llevaron a la vida militar e ingresó como guadsman. Pero la vida disipada e indolente de sus compañeros no armonizaba de ningún modo con su temperamento artístico, tan refinado; se daba cuenta de que no era aquello para lo que había nacido. Bien pronto lo cansó el servicio. "El arte, nos dice con un acento tan fervoroso que todavía conmueve, el arte conmovió al renegado; bajo su pura y elevada influencia vi disiparse las brumas perniciosas; mi sensibilidad embotada y marchita, retoñó en esa lozana floración que de tal modo encanta a las almas sencillas." Pero no sólo el arte ocasionó aquel cambio. "Los escritos de Wordsworth -sigue él diciendo- contribuyeron en gran manera a calmar la terrible confusión que sigue siempre a una transformación tan repentina. Y lloré sobre sus poemas lágrimas de gratitud y felicidad."

Entonces, una vez renunció a la vida brutal del cuartel y a la grosera palabrería del cuerpo de guardia, abandonó el Ejército y regresó a Linden House, lleno de un nuevo entusiasmo por lo meramente intelectual. Muy pronto, una cruel enfermedad se cebó en él durante un tiempo, "dejándolo destrozado -según sus propias palabras-, como a un jarrón de barro". Su temperamento delicado, aunque indiferente cuando se trataba del dolor que infligía al prójimo, sentía vivamente toda la agudeza del suyo propio. Retrocedía ante el sufrimiento como ante algo que desfigura y malogra la vida humana, y anduvo errante, al parecer, durante cierto tiempo por ese terrible valle de la melancolía, de donde tantos grandes espíritus, incluso más grandes que él, no han podido evadirse. Pero él era joven; tenía veinticinco años, y se elevó pronto a las negras aguas de la muerte", como él las llama, hasta la atmósfera más respirable de la cultura humanística. Cuando se curó de su grave enfermedad, se le ocurrió la idea de cultivar la literatura como un arte. "Creo, de acuerdo con John Woodwill -exclama-, que sería gozar una existencia de dioses reinar semejante elemento, contemplando, oyendo y escribiendo historias maravillosas:

Porque esos deleitosos efluvios de la vida
gozan eternamente de la inmortalidad. "

No hay duda: se trata, innegablemente, del grito elocuente del hombre que siente una auténtica pasión por las letras. "Ver, oír y escribir cosas maravillosas": ese era su verdadero objetivo.

El señor Scott, el director del London Magazine, influido por el talento del joven o por la extraña fascinación que ejercía sobre cuantos estaban a su alrededor, le pidió una serie de artículos sobre temas artísticos. Empezó entonces su aportación a la literatura de su tiempo, bajo una serie de seudónimos: Janus Weathercok, Egomet Bonmot y Van Vinkvooms, tales fueron algunas de las caretas grotescas que eligió para ocultar su gravedad o revelar su ligereza. Una careta es más elocuente que una cara de verdad. Aquellos disfraces intensificaban su personalidad. Se impuso con una rapidez increíble. Charles Lamb habla del "agradable y risueño Wainewrigth", cuya prosa es perfecta. Sabemos que invitó a una comida íntima a Macready, John Forster, Maggin, Talfourd, al poeta John Clare y a otros. Como Disraeli, decidió asombrar a la ciudad con su dandismo; sus maravillosos anillos, su camafeo antiguo montado como un alfiler de corbata, sus guantes de cabritilla amarilla clara, se hicieron célebres, y Hazzlitt los consideró incluso como signos precursores de un nuevo género literario. Con su impresionante cabellera rizada, sus bellos ojos y sus blancas y delicadas manos, poseía el don encantador y a la vez, peligroso de distinguirse del resto. Se parecía algo al Luciano de Rubempré balzaquiano. A veces puede recordar también a Julien Sorel.

De Quincey le vio una noche en una cena en casa de Charles Lamb. "Entre los invitados, literatos todos, se sentó un asesino", nos dice. Y también anota que, algo indispuesto aquel día y en tesitura de maldecir a la Humanidad entera, había sentido, sin embargo, un vivo interés intelectual contemplando en la mesa a aquel joven escritor, que por sus maneras afectadas le pareció que ocultaba una verdadera y profunda sensibilidad. ¡Cuánto mayor hubiese sido su interés, aunque de otro género muy distinto, si hubiera conocido el terrible crimen del que era culpable aquel amante invitado que tanto maravillaba a Lamb!

Sin ninguna duda, a la vida de Wainewrigth pueden aplicarse las tres características que nos sugiere Swinburne, y hasta puede admitirse, sin gran dificultad, que, aparte de sus hazañas como envenenador, la obra que nos ha dejado justifica difícilmente su fama.

Pero por aquel tiempo sólo los filisteos juzgaban a un escritor por su producción. Aquel joven dandi prefería ser alguien a hacer algo. A menudo decía que vivir es un arte y que tiene sus diferentes estilos, como las artes que intentan expresar la vida. Sin embargo, no por estas declaraciones, su obra deja de ser interesante. Sabemos que William Blake se paró un día en la Real Academia ante uno de sus cuadros, diciendo que "era muy bello". Sus ensayos deben prever los magníficos resultados posteriores. Tuvo, como nuestros escritores modernos, esa afición a la cultura general sobre La Gioconda, sobre los primeros poetas franceses y el Renacimiento italiano. Le gustaban sobre todo los camafeos antiguos, los tapices persas, las traducciones de la época isabelina de Psiquis y Cupido, El sueño de Polifilo (Hypnerotomachia), las bellas encuadernaciones, las ediciones antiguas y los grabados de anchos márgenes. Tenía especial predilección por los interiores artísticos, y jamás se cansaba de describir las estancias en que vivía, o más bien aquellas donde soñaba vivir. Sentía ese entusiasmo por el color verde que es señal siempre, entre los hombres, de un sutil temperamento artístico y que denota en pueblos el relajamiento y hasta la corrupción de las costumbres. Como Baudelaire, amaba con locura a los gatos, y se sentía fascinado, como Gautier, por "ese encantador monstruo de mármol", el Hermafrodita de Florencia y del Louvre.

Debe admitirse que en sus descripciones, en sus proyectos de decorado doméstico no se libra siempre totalmente del mal gusto de la época. Pero está claro que fue uno de los primeros en reconocer que la clave del eclecticismo estético reside en la armonía de todas las cosas verdaderamente bellas, sin tener en cuenta su época, su escuela o su estilo. Comprendió que para decorar una habitación que no está destinada a su exposición, sino a la vida diaria, no debíamos pensar en una reconstitución arqueológica del pasado ni abrumarnos con exactitudes históricas. Esta convicción es sumamente justa. Hay cosas bellas en cualquier época.

Por esta razón en su biblioteca, tal como nos la describe, detrás de un ánfora de cerámica griega con sus graciosas figuras exquisitamente esculpidas y la imagen de la Belleza medio borrada, pero visible aún a un lado, vemos colgada una reproducción de la Sibila dé délfica, de Miguel Ángel, y otra de la Pastoral de Giorgione. Aquí cerca, un fragmento de mayólica florentina; más allá, una lámpara de un trabajo primitivo recogida en alguna tumba romana. Sobre la mesa, un Libro de Horas con "una cubierta de plata maciza, dorada y repujada con elegantes divisas y guarnecida de diminutos brillantes y rubíes", está junto a "un pequeño monstruo acurrucado, un lar acaso desenterrado en los campos llenos de sol de Sicilia, fértiles en trigo". Oscuros bronces antiguos contrastan fuertemente "con la palidez de dos nobles Crucifijos, el uno de marfil y el otro modelado en cera". Wainewrigth poseía bandejas incrustadas de pedrería, una linda bombonera Luis XVI adornada con una miniatura de Pettitot, sus costosas "teteras de porcelana oscura, cubiertas de filigranas", su carpeta de tafilete verde limón y su sillón "verde Pomona".

Se le puede ver perfectamente en medio de sus libros, figuritas y estampas, como un aficionado entusiasta, sutil conocedor, hojeando su bella colección de Marcos Antonios y su Librr Studiorum, de Turner, a quien admiraba, o examinando con lupa sus camafeos y pedrerías antiguos: "la testa de Alejandro sobre un ónice de dos capas" o "aquel

altísimo relievo del Júpiter Aegiochus, tallado sobre coralina".
Supo reunir estampas muy bellas y nos ha legado consejos
útiles para formar una colección. Y aunque, apreciando el arte
moderno, dio la importancia que merecían las reproducciones
de las obras maestras antiguas; todo cuanto ha escrito sobre el
valor de los vaciados en yeso es totalmente admirable.

En cuanto a su labor de crítico, se ocupaba sobre todo de las
impresiones complejas que le había producido una obra de
arte, pues es indudable que lo más importante en estética es
proporcionarse sensaciones. Tampoco le preocupaban
demasiado las discusiones abstractas sobre la naturaleza de lo
bello, y el método histórico, que tan soberbio fruto ha dado
después, no existía en aquella época; mas no olvidó jamás esta
gran verdad: que el arte no va dirigido al sentimiento, sino al
sentido artístico; en distintas ocasiones nos muestra ese
sentido artístico, ese gusto, como él lo llama, educado y
perfeccionado por el continuo contacto con las obras maestras
y que acaba por convertirse en una especie de severísimo juez.

No hay duda de que existen las modas en el arte, como las
hay en el vestir, y nadie puede librarse de la influencia de la
costumbre y de la novedad. Wainewrigth, por su parte, no
lograba vivir al margen de ella y reconoce con toda franqueza
lo difícil que es tener una idea justa sobre las obras
contemporáneas. Pero, en general, su gusto era siempre fino y
seguro. Admiraba a Turner y a Constable en una época en que
no se los apreciaba tanto como ahora, comprendiendo que el
arte del paisaje requiere más que "habilidad profesional y
exactitud de la copia: Así, la Escena campestre junto al

Norwich, de Crome, nos muestra, según él, "hasta qué punto un estudio demasiado minucioso de los elementos embravecidos puede producir una obra vulgar y por lo tanto de ningún interés". Sobre el paisaje que estaba tan de moda en su época, dice que sencillamente una enumeración de valles y colinas, troncos cortados, de arroyos, de praderas, de casas de campo; algo más que un plano topográfico, una especie de mapa geográfico iluminado, en donde uno busca en vano los arcos iris, las lluvias, las nieblas, los halos, los rayos que traspasan las nubes, las tormentas, las estrellas, en resumen: todo cuanto representa los más valiosos materiales para un auténtico pintor".

Él sentía una gran antipatía por todo lo que era vulgar y común en arte, y si invitaba a Wilkie a comer le importaban tan poco los cuadros de sir David como los poemas de Grabbe. Tampoco simpatizaba con las tendencias imitativas y realistas de su tiempo y no disimulaba que su gran admiración por Fuseli se debía, en gran parte, a que el pequeño suizo no creía que un artista tuviese la obligación de pintar solamente lo que veía. Lo que él apreciaba más en un cuadro era la composición, la belleza y la nobleza de las líneas, la riqueza del colorido y el poder creador. No era, por lo demás, ningún dogmático. "No se puede juzgar una obra de arte nada más que por las leyes que la han inspirado: todo se reduce a saber si sus diferentes partes se armonizan entre sí." He aquí uno de sus mejores aforismos. Y criticando a pintores tan diferentes como Landseer y Martin, Stotthard y Etty, intenta siempre, con una frase ahora ya clásica, "ver el objeto tal y como es en realidad".

Pero, sin embargo, como ya he dicho con anterioridad, no se siente cómodo ante las obras modernas. "El presente -dícemeofrece una confusión de imágenes casi tan agradable como una primera lectura de Ariosto. Lo moderno deja deslumbrado. Necesito el gran telescopio del tiempo para mirar las cosas. Elia se queja de no poder discernir los méritos de un poema manuscrito. La impresión -como dice él muy bien-lo hace resaltar. Pues bien: una pátina de cincuenta años produce el mismo resultado en un cuadro."

Se siente mucho mejor escribiendo sobre Watteau y Lancret; sobre Rubens y Giorgione, sobre Rembrandt, el Correggio y Miguel Ángel; y todavía más escribiendo sobre el arte griego. El gótico le impresionaba poco; en cambio el arte clásico y el renacentista fueron siempre sus preferidos. Comprendió todo lo que podía ganar nuestra escuela inglesa estudiando la escultura griega, y por eso jamás se cansa de aconsejar a los artistas más jovencitos que busquen su inspiración en el genio que reposa en los mármoles y en los métodos de trabajo helénico. "En sus juicios sobre los grandes maestros italianos nos -dice Quincey- se siente la sinceridad del acento y la personalísima sensibilidad del hombre que habla por sí mismo y no por sus lecturas." El mayor mérito que podemos atribuirle es que intentó reavivar el estilo y darle toda la fuerza de una tradición consciente. Pero sabía muy bien que ni conferencias ni congresos artísticos, ni tampoco "proyectos para hacer progresar las bellas artes", podían lograr jamás ese objetivo. Con el espíritu práctico de Toynbee-Hall preconiza sabiamente otro medio. "Los pueblos -dicen- deben tener siempre cerca obras maestras."

Sus críticas de arte, como es de esperar en un pintor, están llenas de expresiones técnicas. Por esta razón, escribe a cerca del cuadro del Tintoretto Jorge libertando del dragón a la princesa egipcia:

"La túnica de Sabra, cálidamente iluminada con azul de Prusia, se destaca gracias a una gasa rojiza del último plano verde pálido, y estos dos colores, de espléndido brillo, se encuentran repetidos bellamente en una tonalidad más suave en los ropajes purpúreos sobre la armadura azul hierro del santo, así como las telas de un límpido azul de los primeros planos, que armonizan perfectamente con las sombras índigo del bosque natural que rodea el castillo."

Y un poco más adelante habla, también muy sabiamente de un Fino Schiavone variado como un macizo de tulipanes, con una riqueza espléndida de matices apagados, de "un retrato deslumbrante, notable por su morbidezza, obra del parsimonioso Moroni", y de otro cuadro "cuya carnación se parece a la pulpa de un fruto".

Pero, normalmente, obra con las impresiones que le causa un cuadro como si su conjunto debiera formar una obra de arte nueva, e intenta traducirlas en palabras que produzcan, como ya se ha visto antes, un efecto parecido sobre la imaginación y la sensibilidad. Fue uno de los primeros en contribuir con su aportación a la llamada "literatura de arte" del siglo XIX, que encontró en Ruskin y en Browning sus maestros más perfectamente representativos. Su descripción del Repas italien, de Lancret , en el cual "una guapa y morena moza, riéndose de las bromas, se tumba sobre la hierba estrellada de margaritas", es, en cierto modo, encantadora, He aquí una descripción suya de la Crucifixión, de Rembrandt, que caracteriza su estilo a la perfección:

"Las tinieblas, tinieblas de hollín, tinieblas de mal augurio, sepultan la escena toda. Tan sólo sobre el bosque maldito, como a través de una espantosa grieta de la bóveda oscura, una lluvia diluviana, ráfagas de granizo, agua descolorida, cae con violencia, derramando una luz gris, una luz alucinante, más horrible aún que la noche palpable. ¡Ya la Naturaleza se estremece hondamente y sin cesar! ¡La cruz sombría tiembla! Ni una ráfaga de viento conmueve el aire estancado... De pronto resuena un sordo trueno y una parte de la mísera muchedumbre baja huyendo la colina. Los caballos olfatean el espanto cercano, y se desbocan enloquecidos. El momento es inminente en que casi desgarrado por su propio peso, agotado por la pérdida de sangre, que corre en oleadas de su costado herido, con las sienes y el pecho bañados de sudor y la lengua negra, seca y
ardiente por la fiebre de la agonía, Jesús grita: «Tengo sed.»

"Le es entregado el mortal vinagre. Entonces se dobla su cabeza y el cuerpo sagrado, sin alma ya, «oscila sobre la cruz». Un sudario en llamas brilla en el aire igual que un relámpago y al momento desaparece. Los montes del Carmelo y del Líbano se parten en dos mitades; el mar esparce por encima de las playas sus negras olas hirvientes. La tierra se quiebra y las tumbas devuelven sus cadáveres. Muertos y vivos, mezclados en una caos sobrenatural, se lanzan sobre la Ciudad Santa, donde los esperan prodigios aún por desvelar. El velo del templo, velo irrompible, se rasga de arriba abajo y el temido reducto que encierra Los Misterios Hebreos, el arca fatal de la alianza, las tablas de la Ley, el candelabro de los siete brazos, aparece entre llamas sobrenaturales ante la multitud olvidada por la misericordia divina...

"Rembrandt jamás pintó este boceto, e hizo bien. Hubiese perdido casi todo su encanto al desaparecer ese velo de impresión turbadora que obliga a la imaginación vacilante a ejercitarse, aumentando con ello el alcance de la obra. Ahora es como algo propiedad del otro mundo, un sombrío abismo nos aleja de ella. Es intangible; tan sólo nuestro espíritu puede tocarla."

El fragmento anterior contiene, según nos dice el mismo autor "una especie de terror reverente", rasgos terribles otros que son horribles, pero también poseen cierta violencia y crudeza en las palabras que representarían una cualidad muy apreciada en nuestra época, ya que constituyen su principal defecto. Es sumamente agradable pasar a esta descripción del cuadro Céfalo y Procris, de Giulio Romano:

"Debe leerse la elegía de Mosco, dedicada a Bion, el dulce pastor, antes de pararse a contemplar este cuadro, o someter el cuadro a estudio para prepararse a la elegía. Encuentra uno, por así decirlo, las mismas imágenes en ambas obras. Para las dos víctimas, «los bosques del valle murmuran, las flores exhalan tristes perfumes, el ruiseñor llora cerniéndose sobre los picachos rocosos y la golondrina revolotea sobre los sinuosos valles»; «los sátiros y los faunos, velados de negro, gimen»; las ninfas de las fuentes se deshacen en llanto que forma arroyos que van a perderse a los bosques; las cabras y las ovejas abandonan sus pastos; las Oréades, que se complacen en escalar las inaccesibles cimas de las rocas más altas, descienden corriendo de los pinares, cuyos árboles gimen acariciados por el viento, mientras las dríades se inclinan entre las ramas de los árboles enmarañados y los ríos lloran a la blanca Procris, «con todos los sollozos de sus olas » . llenando con una voz el océano infinito...

"Las doradas abejas quedan silenciosas sobre el Himeto, que el tomillo embalsama y donde el cuerno que toca la muerte del amor de Aurora no disipará el frío crepúsculo... En primer término, hay un terreno de hierba, abrasado por el sol, con taludes y montículos que semejan olas (una especie de rompientes) que hacen más desiguales aún multitud de raíces y de troncos de árboles prematuramente cortados por el hacha, de los que brotan verdes ramitas. El terreno se eleva de repente hacia la derecha en un tupido bosquecillo, impenetrable para las estrellas, a cuya entrada yace como fulminado el rey de Tesalia: sostiene entre sus rocas el cuerpo de marfil, que hacía un momento apartaba de su frente bruñida las ramas, y, estremecido de envidia, corría sobre las flores y las espinas; ahora permanece inerte, salvo cuando la brisa levanta, a modo de burla, su cabellera espesa.

"Lejos, entre los troncos apretujados, pasan veloces, con agudos aullidos, las ninfas asombradas, y los sátiros se adelantan adornados con coronas de hiedra, y revestidos con pieles de animales. Y hay una extraña compasión en su cornuda actitud".

Un poco más abajo, Laelaps está tendido y muestra con su jadeo que la muerte avanza velozmente. Al otro lado del grupo el Amor Virtuoso con "harneros volcados" tiende la flecha a un grupo de silvanos, faunos, machos cabríos, carneros, sátiros y sátiros-madre, que se aferran a sus pequeños con sus horribles manos, y que llegan por la izquierda de un sendero hundido, entre el primer plano y una muralla de rocas; abajo hay un guardián de arroyos, cuya urna vierte sus penosas aguas. Encima, y un poco más allá del Efidríada, otra hembra, tirando de sus cabellos, aparece entre los pilares festoneados de vides, de un frondoso bosquecito. El centro del cuadro lo ocupan frescas praderas que se extienden hacia la desembocadura de un _río; más allá se halla el "amplio poder del Océano", desde donde la que apaga las estrellas, la rosácea aurora, estimula furiosamente a sus corceles bañados de agua salada para ver los agónicos espasmos de su enemigo.

Cuidadosamente corregida, esta descripción sería verdaderamente admirable. La idea de describir un poema en prosa, inspirado en un cuadro, es excelente. Gran parte de la mejor literatura moderna lo pretende. En un siglo prosaico, pero inteligente, las artes desean inspirarse en las artes gemelas y no en la vida.

Sus afinidades eran maravillosamente eclécticas. Todo cuanto se refería a la escena, por ejemplo, le interesaba y defendía fogosamente la exactitud arqueológica del traje y del decorado. "En arte -dice en uno de sus ensayos-, lo que es digno de ser realizado es digno también de ser realizado." Y demuestra que si sufrimos algunos anacronismos, desconocemos dónde puede detenerse esto. En literatura, como lord Beaconsfield en una célebre ocasión, él "estaba junto a los ángeles". Fue uno de los primeros que exaltó a Keats y a Shelley, "el sensitivo y tembloroso, el poético Shelley"; su admiración por Wordsworth era sincera y profunda. Apreciaba enormemente a William Blake. Uno de los mejores ejemplares de Canciones de inocencia y de experiencia fue hecho especialmente para él. Admiraba a Alain Chartier, a Ronsard, a los dramaturgos de la época isabelina, a Chaucer, a Chapman, a Petrarca. Y para él los artistas eran uno solo. "Nuestros críticos -observa con gran agudeza- desconocen la identidad de los orígenes de la poesía y de la pintura y también ignoran que cuando se adentra uno en el estudio serio si un hombre no admira a Miguel Ángel y nos habla de su amor hacia Milton, defrauda a sus lectores, defraudándose a sí mismo. Siempre se mostraba amable con sus colaboradores del London Magazine y adoraba a Barry Cornwall, a Allan Cunningham, a Hazzlitt, a Elton y a Leigh Hunt, sin dejar traslucir jamás la intención maliciosa de un amigo. Algunos de sus retratos a cerca de Charles Lamb son dignos de admiración.

"¿Qué puedo decir de ti que no sepa ya todo el mundo? Que tienes la alegría de un niño y el saber de un hombre; nunca más noble corazón hizo derramar lágrimas. ¡De qué forma tan espiritual sabía engañar nuestra espera e insinuarnos pensamientos siempre oportunamente incorrectos! Su lenguaje era preciso y sobrio, como el de sus directos escritores isabelinos, hasta resultar a veces oscuro. Hubieran podido extenderse sus frases como granos de oro en anchas hojas. Se mostraba siempre inexorable con las falsas celebridades y sus mordaces observaciones sobre la moda para hombres de genio eran su plato habitual. Sir Thomas Brow era su camarada, al igual que Burton y el viejo Fuller. En su encantadora vena retozaba con sus libros, bellezas sin rival muy aromáticas e infolio y las rudas comedias de Beaumont y Fletcher le llevaban a ligeros ensueños. Las juzgaba como un poeta, pero era bueno dejarlo escoger su propio juego; si alguien se atrevía a lanzarse sobre sus temas predilectos, era capaz de detener al intruso, o de responderle de tal modo que no podía decirse si le quería dirigir un reproche o simplemente gastarle una broma. Una noche en C*** se hablaba precisamente de estos dos dramaturgos. Mr. X defendía la pasión y el estilo magnífico de no sé qué tragedia, cuando fue interrumpido de pronto por Ella, que le dijo:

"Eso no es nada; ¡sólo tienen valor los poetas, sólo ellos!"

Hay un aspecto de su carrera literaria que merece una mención especial. El periodismo moderno le debe tanto como al que más en la primera parte de este siglo. Fue el ganador de la prosa asiática, de los fogosos epítetos y de las enfáticas hipérboles. La escuela literaria importada y admirada por los escritores de Fleet Street se caracteriza por un estilo tan suntuoso que el motivo principal desaparece totalmente; Janus Weathercock puede ser considerado como fundador de esa escuela. Éste comprendió que, aludiendo a ella sin cesar puede interesarse al público por la propia persona, y en artículos de periódico, este joven extraordinario nos enumera la gente que invita a comer, dónde se hace sus trajes, qué vino le gusta y cómo se encuentra de salud, exactamente como si escribiese sueltos semanales en algún periódico popular del momento. Este era el lado menos estimable de su obra y por eso fue el que obtuvo más éxito. Un publicista, de nuestra época, es un hombre que aburre al público con las ilegalidades de su vida íntima.

Al igual que mucha gente artificiosa, amaba la Naturaleza. "En esta vida, hay tres cosas adoro -dice en alguna parte-: tumbarme perezosamente en una altura que domine un bello paisaje, gozar de la sombra de unos árboles frondosos mientras el sol brilla a mi alrededor y hundirme en la soledad, sin olvidarme de las cercanías. El campo me proporciona las tres cosas." Se maravillaba ante los brezales y los enebros perfumados, sobre los cuales repetía la Oda a la noche, de Collin, para sentir mejor la dulzura del momento; hundía la cara, según nos cuenta, "en un macizo de primaveras, húmedas de rocío de mayo", contemplaba con delectación "la vuelta a la casa, al anochecer, de las vacas resoplando suavemente, y las esquilas lejanas del rebaño le encantaban". Una de sus frases: "El polianto brillaba en su frío lecho de tierra como un Giorgione sobre un panel de roble", caracteriza curiosamente su temperamento. Este otro pasaje es, en su género, bastante agradable: "La hierba corta y suave chispeaba de margaritas, tan numerosas como las estrellas de una noche de verano. El croar discorde de las cornejas atareadas, descendía, cual cómica melodía, de un alto y frondoso bosquecillo de olmos, y oíase, intermitentemente, la voz de un chiquillo asustado a los pájaros de las parcelas recién sembradas. Las profundidades del cielo eran del más intenso azul ultramar, ninguna nube manchaba el aire tranquilo; al borde del horizonte fluía tan sólo una cálida luz, película de vapor brumoso, sobre la cual la vieja iglesia de piedra del pueblo vecino, de una blancura cegadora, se definía crudamente. Pensaba yo en los Versos escritos en marzo, de Wordsworth."

Pero no debemos olvidar que el joven y muy docto autor de estas líneas, tan susceptible a la influencia de Wordsworth, era también, como consta en las primeras líneas de este estudio, uno de los envenenadores más sutiles y misteriosos de su época, y quizá de todos los tiempos. ¿Cómo pudo fascinarle ese extraño pecado? No nos lo ha dicho, y el Diario sobre el cual anotaba minuciosamente sus métodos y los resultados de sus terribles experiencias no ha llegado, por desgracia, a nuestras manos. Hasta en sus últimos días no hablaba para nada de ese tema, prefiriendo hacerlo sobre la grata literatura, sobre los poemas inspirados por la amistad. Es indudable, sin embargo, que el veneno que empleaba era estricnina. En una de las bellos anillos que tanto le gustaban, y que tanto hacían resaltar la grácil forma de sus manos divinas, llevaba cristales de nuez vómica india, un veneno "casi insípido, difícil de descubrir y susceptible de ser diluido en una gran cantidad de agua". La mayoría de sus asesinatos, según Quincey, no fueron descubiertos por la justicia. Y evidentemente, existieron y algunos merecen ser mencionados. Su primera víctima fue su tío, mister George Edward Griffiths. Lo envenenó en 1829 para heredar Linden House, posesión que le había gustado siempre. En agosto del año siguiente hizo lo propio con señora Abercrombie, su suegra. No se sabe bien cuál fue el móvil: si por capricho o para alentar la espantosa facultad que en él existía, o porque sospechaba algo, sencillamente ninguno. Pero el asesinato de Helen Abercrombie, realizado por su esposa y por él, tuvo como resultado la suma de unas dieciocho mil libras en que estaba asegurada su vida en varias Compañías. He aquí las circunstancias que concurrieron. El 12 de diciembre, él, su mujer, y su hijo se trasladaron de Linden House a Londres y se alojaron en el número 12 de Conduit Street, en Regent Street. Las dos hermanas, Helen y Magdalen Abercrombie, los acompañaban. La noche del 14 fueron todos las teatro; cuando cenaban, Elena se encontró mal de repente. A la mañana siguiente su estado empeoró y ellos mismos llamaron al doctor Loock, de Hannover Square, para que la asistiera. Murió el martes 20, día en el cual, después de la visita del doctor, los Wainewrigth le dieron mermelada envenenada, y después se fueron de paseo. A la vuelta, la encontraron muerta. Era una muchacha alta y agradable; tenía sólo veinte años, y una soberbia cabellera. Un boceto de ella, a lápiz, encantador, hecho por su cuñado, existe todavía y muestra hasta qué punto estaba él influido, como artista, por sir Thomas Lawrence, a quien siempre admiró tanto. Quincey afirma que la señora Wainewrigth no se enteró nunca de aquel crimen. Creamos que así fue en realidad, pues el pecado debe ser discreto y sin cómplices.

Las compañías aseguradoras sospechaban algo; se negaron a pagar el seguro con diversos pretextos, amparándose en las condiciones especiales de sus pólizas.

Con singular valor, el asesino entabló y perdió un pleito contra la Imperial, que duró cinco años. El juez en última instancia era lord Abinger. Mister Erle y sir William Follet representaban a Egomet Bonmot. El attorney general y sir Frederick Pollock comparecían por la parte contraria.

Por desgracia, el litigante no pudo asistir a ninguna de las vistas del proceso. La negativa de las compañías le habían dejado en una situación económica muy difícil. Algunos meses después del asesinato de Helen Abercrombie fue detenido incluso por deudas, en las calles de Londres, cuando daba una serenata a la linda hija de uno de sus amigos. Salió de aquel trance, pero poco después creyó más prudente abandonar el país hasta que pudiera arreglarse con sus acreedores. Marchó, pues, a Bolonia, a casa del padre de la joven de la serenata, y lo persuadió, durante su estancia, de que se asegurase la vida en tres mil libras en la Compañía del Pelícano. Inmediatamente que terminaron las formalidades y se firmó la póliza, echó estricnina en la taza de café del asegurado una noche, de sobremesa. No ganaba nada con ello, pero se vengaba de la Compañía que había resuelto negarle el premio de su asesinato. Su amigo murió a la mañana siguiente en su presencia. Abandonó a Bolonia enseguida y emprendió un viaje de estudio por los sitios más pintorescos de Bretaña. Después vivió varios años en París, con lujos, según algunos, "ocultándose siempre con veneno en el bolsillo y temido por todos cuantos le conocían", según el parecer de otros. En 1837 volvió furtivamente a Inglaterra. Una extraña fascinación le llevaba allí nuevamente. Seguía a una mujer a quien amaba.

Estos hechos datan del mes de junio. Vivía en uno de los hoteles de Covent-Garden y su despacho, sito en la planta baja, tenía siempre corridas las cortinas para no ser visto.

Hacía trece años, cuando estaba reuniendo su colección de mayólicas y de Marco Antonio, había falsificado unas firmas en un poder, a cambio de dinero. Sabía que la falsificación había sido descubierta y que al regresar a Inglaterra corría el peligro de ser detenido. Pero, de todas formas, volvió. ¿Debe extrañarnos tal cosa? La dama, según dicen, era bellísima. Y no lo amaba.

Fue descubierto por casualidad. Un ruido en la calle llamó su atención y le hizo descorrer por un instante la cortina. Alguien gritó desde fuera: "¡Hombre! Ese es Wainewrigth, el falsificador." Era Forrester, un agente de Policía de Bow Street.

El día 5 de junio compareció ante el Tribunal de la Audiencia, que lo condenó a deportación perpetua.

El Times publicó el siguiente artículo sobre su proceso:

Ante el señor juez Vaughan y el señor consejero Alderson ha comparecido Thomas Griffiths Wainewrigth, de cuarenta y dos años de edad, hombre de aspecto distinguido, con bigote, acusado de haber firmado un billete falso de dos mil doscientas cincuenta y nueve libras con el propósito de defraudar al Gobernador y a la Compañía del Banco de Inglaterra.

"Ha sido acusado de cinco delitos, y el prisionero los ha rechazado todos en el interrogatorio que ha tenido lugar ante el señor Sergeant Arabin, por la mañana. Sin embargo, ante los jueces ha solicitado que le fuera permitido renunciar a su primera defensa, reconociéndose culpable de dos delitos leves.

"Ha declarado, el Consejero del Banco que existían otras tres acusaciones contra él, pero que el Banco no deseaba derramamiento de sangre, y, por tanto, se han tenido en cuenta únicamente los dos cargos más leves, y el prisionero, al finalizar la vista, ha sido sentenciado a ser deportado a perpetuidad.

"Ha sido llevado a Newgate, en espera de su marcha a las colonias. En una de sus primeras crónicas fantásticas se había visto «yaciendo en la cárcel de Horsemonger y condenado a muerte», por no haber podido resistir a la tentación de robar en el British Museum los Marco Antonio que faltaban en su colección. La sentencia dictada contra él era, por lo demás, para un hombre de su bagaje cultural, una especie de sentencia de muerte.

"No hay duda de que este rudo castigo posee un componente dramático, si se piensa que su fatal influencia sobre la prosa periodística moderna no era el peor de sus crímenes.

"Mientras estuvo en la cárcel, Dickens, Macready y Hablot Browne lo vieron allí por casualidad. Cuando recorrían todas las cárceles de Londres en busca de efectos artísticos, en Newgate se encontraron de pronto frente a Wainewright. No tuvo para ellos más que una mirada desafiadora, según dice Forster. Y Macready se quedó aterrado al reconocer a uno de

sus íntimos de otro tiempo, con quien había compartido su comida.
"

Otros fueron más curiosos y durante un tiempo su celda fue un sitio de reunión elegante. Muchos escritores acudieron a visitar a su antiguo compañero. Pero éste ya no era el amable joven de carácter ligero que admiraba Charles Lamb. Se había convertido en un completo cínico.

A un agente de cierta Compañía de Seguros, que al visitarlo una tarde creyó oportuno aprovechar la ocasión para declarar que después de todo el crimen no era tan buen negocio, le respondió:

"Caballero, usted especula sobre la vida de sus ciudadanos. Algunas de sus especulaciones son exitosas. Otras, no. Las más han fracasado y las de usted han tenido éxito; eso es todo. Esta es la única diferencia que hay entre usted, que está fuera y yo... Pero hay una cosa en la que he triunfado: aún conservo la actitud de un gentleman. Aquí, todos los reclusos limpian, por turnos, su celda. Yo comparto la mía con un albañil y un deshollinador: no he cogido todavía la escoba."

Otro día, cuando un amigo le reprochó el asesinato de Helen Abercrombie, contestó, con los brazos en alto: "Sí, fue horrible... Pero ¡tenía los tobillos demasiado gruesos...!"

Desde Newgate fue conducido a los pontones Portsmouth, y después a bordo del Susana, a la Tierra Van Diemen, con trescientos condenados más. El viaje le resultó bastante desagradable, y en una carta a un amigo, se queja amargamente de la vergüenza que pasó al verse mezclado él, elegante poeta, con aquellos granujas del campo. Esto no debe sorprendernos. En Inglaterra es casi siempre el hambre la causa de los crímenes. No había, indudablemente, nadie a bordo en quien hallar un interlocutor agradable o interesante.

Sin embargo, no perdió su amor por el arte. En Hobart Town, capital de la Tasmania, se arregló un estudio y volvió a dibujar y a pintar; su conversación y sus maneras parecían no haber perdido su encanto. Tampoco abandonaba sus aficiones de envenenador, y por dos veces intentó hacer desaparecer a personas que lo habían ofendido. Pero su destreza manual iba flaqueando. Las dos tentativas abortaron.

En 1844, descontento de la sociedad de Tasmania, pidió, en un memorial presentado al gobernador del establecimiento, sir John Eardley Vilmot, que le devolviesen la libertad. Se sentía "atormentado por ideas que querían tomar forma, coartado para aumentar su cultura y privado del ejercicio útil o simplemente decorativo del lenguaje". Su pretensión fue, sin embargo, denegada. Y el amigo de Coleridge se consoló con esos maravillosos paraísos artificiales cuyo secreto sólo es conocido por los opiómanos. En 1852 murió de una apoplejía; su único compañero entonces era un gato, que él adoraba.

Sus crímenes tuvieron una gran influencia sobre su arte. Prestaron una vigorosa personalidad a su estilo, que faltaba realmente en sus primeras obras. Una nota de la Vida de Dickens, de Forster, refiere que en 1847 lady Blessington recibió de su hermano el Mayor Power, de guarnición en Hobart Town, un retrato al óleo antiguo de una joven, ejecutado por el hábil pincel del literato asesino, y en el cual, según parece, había él conseguido transmitir la expresión de su propia maldad al retrato de una bella y honrada muchacha.

El Señor Zola, en uno de sus cuentos, nos habla de un asesino que se dedica al arte; los grises retratos impresionistas que pinta de personas respetables se parecen siempre a su víctima. El desarrollo del estilo de Wainewrigth me parece mucho más sutil y sugestivo. Puede nacer una intensa personalidad del pecado.

Este curioso y fascinador personaje, que durante unos años deslumbró al Londres literario y cuyo début en la vida y en las letras fue tan brillante, me parece un interesantísimo tema de reflexión. Mister W. Hazzlitt, su más reciente biógrafo, y a cuyo lindo librito debo muchos hechos relatados en mi estudio, cree que su amor al arte y a la Naturaleza no eran más que una farsa, una ficción; otros llegan hasta a negarle todo su talento artístico de escritor. Pienso que es una opinión superficial y errónea. ¡El hecho de que un hombre sea un asesino no prueba nada en contra de su obra artística! Las virtudes domésticas no son la verdadera base del arte aunque pueden realzar a artistas de segunda fila. Es posible que Quincey haya exagerado su talento crítico, y no puedo dejar de repetir que hay mucho, en todas sus obras publicadas, que es familiar, común, periodístico, en el peor sentido de esta fea palabra. En ocasiones recurre a expresiones vulgares y carece siempre de la modestia del verdadero artista. Pero idénticos errores deberíamos reprochar a su época, y, después de todo, una prosa que Charles Lamb encontraba maravillosa, no deja de tener un gran interés histórico.

Que sentía un sincero amor por el arte y la literatura es indudable. No tienen por qué ser incompatibles el crimen y la cultura intelectual. No se puede rehacer la Historia para halagar nuestro sentido moral.

Es obvio que pertenece demasiado a nuestra época, para que podamos tener sobre él opiniones puramente críticas. ¿Cómo dejar de sentir una fuerte prevención contra alguien que hubiese podido envenenar a lord Tennyson, a Gladstone o al catedrático de Balliol? Pero si ese hombre hubiese llevado un traje y hablado una lengua diferente a la nuestra, si hubiese vivido en la Roma imperial o en el Renacimiento italiano, o en España el siglo XVII, o en cualquier país y en cualquier siglo, excepto en el nuestro, podríamos estimarlo de modo imparcial y en su verdadero valor. Ya sé que muchos historiadores creen necesario aplicar juicios morales a la Historia y repartir sus reproches o sus alabanzas con la solemne satisfacción de un maestro de escuela floreciente. Esta necia costumbre demuestra que el instinto moral puede alcanzar una perfección tal, que aparece continuamente allí donde no tiene nada que hacer. Quien comprenda verdaderamente la Historia no pensará nunca en vituperar a Nerón, en reñir a Tiberio o en sermonear a César Borgia. Estos personajes son ya como muñecos de una obra. Nos producen espanto, horror o admiración; pero no podrían sernos perjudiciales. No están en relación inmediata con nosotros. No tememos nada de su parte. Pertenecen al Arte y a la Ciencia, que no saben ni aprobar ni desaprobar. Igual sucederá algún día con el amigo de Charles Lamb. En la actualidad es aún demasiado moderno para que se lo trate con ese ingenio ligero, con esa serena curiosidad que nos han valido, sobre los grandes criminales del Renacimiento italiano, estudios tan encantadores como los firmados por Mr. John Addington Symonds, miss Mary Robinson, miss Vernon Lee, y otros distinguidos escritores. Sin embargo, el arte no lo olvidó. Es el héroe de Hunted Down, de Dickens; el Varney de Lucretia, de Bulwer Lytton; y es gratificante ver cómo la ficción rindió homenaje a quien se mostró en otro tiempo, tan brioso con la "pluma, el lápiz y el veneno".

Y es que en realidad, no hay nada más importante que sugerir a la ficción.

El crítico artista Primera parte

Acompañada de algunas observaciones sobre la importancia de no hacer nada

GILBERT y ERNEST
Interior de una biblioteca de una casa en Piccadilly con Green Park.

GILBERT (Sentado delante del piano.)-. ¿Qué le hace tanta gracia, mi querido Ernest?

ERNEST (Alzando los ojos.)-. Una noticia realmente divertida. La acabo de leer ahora mismo en este libro de Memorias que tienes sobre el escritorio.

GILBERT.- ¿De qué libro hablas? ¡Ah, sí! Aún no lo he leído. ¿Y te gusta?

ERNEST.- Lo hojeaba mientras usted tocaba, no sin divertirme (pues en general no me gustan estos libros de Memorias). Se trata normalmente de autores que han perdido completamente la memoria, o que no han hecho nunca nada digno de ser recordado. Esto explica su enorme éxito, pues a los ingleses, cuando leen, les encanta que les hable una mediocridad.

GILBERT.- Desde luego; el público es impresionantemente tolerante: lo perdona todo, menos el talento. Pero confieso que a mí me apasionan las Memorias, ya sea por su forma como por su contenido. En literatura, el egoísmo más absoluto es una delicia. Él es precisamente el que nos fascina en la correspondencia de personalidades tan distanciadas e incluso divergentes como pueden serlo por ejemplo Cicerón y Balzac, Flaubert y Berlioz, Byron y madame de Sévigné. Cuando nos sale al paso, cosa por cierto, muy rara, debemos acogerlo con alegría, y es difícil de olvidar después. La Humanidad siempre estará en deuda con Rousseau por haber confesado sus pecados, no a un sacerdote, sino al universo entero de los mortales y las ninfas tendidas de Cellini esculpidas en bronce en el castillo del rey Francisco, y hasta el Perseo verdeoro que muestra a la luna, en la Logia de Florencia, el terror que en su momento petrificó su vida, a nosotros sólo nos da el placer de esa autobiografía, en la que el supremo reite del Renacimiento nos cuenta su auténtica historia, la de su esplendor y la de su vergüenza. Las opiniones, el carácter, la obra del hombre, importan poco que sean de un escéptico, del gentil Michel de Montaigne, de un santo, o incluso de San Agustín; si nos revela sus secretos, podemos sufrir un encantamiento y que nuestros oídos sean obligados a escucharlo, y nuestros labios a no despegarse. La forma de pensar representada por el cardenal Newman, si puede llamarse "Forma de pensar" la que consiste en resolver los problemas intelectuales negando la supremacía de la inteligencia, no debiera subsistir. Pero el Universo jamás se hartará de ir tras la luz de ese espíritu turbado, que lo lleva entre tinieblas. La iglesia solitaria de Littlemore, donde "el hálito de la mañana es húmedo a la vez que abundante y muy escasos los fieles", le será siempre grata; y cada vez que los hombres vean florecer el almendro sobre el muro del Trinity

College, recordarán aquel gracioso estudiante que vio en la esperada llegada de esa flor la predicción de que se quedaría para siempre con la benigna madre de sus días. La Fe, loca o cuerda, respetó que dicha profecía no se cumpliera. Sí, desde luego, la autobiografía es irresistible. Ese desdichado, ese necio secretario llamado Pepys, por su demagogia, ha ingresado en el club de los inmortales; y sabiendo que la indiscreción es lo que tiene mayor valor, se mueve entre ellos con su "traje de terciopelo rojo, botones de oro y encaje" que tanto le gusta describir: charla a su gusto, y al nuestro, sobre la falda azul índigo que le regaló a su mujer; sobre la "buena fritura de cerdo" y la sabrosa "carne de ternera guisada al estilo francés", que tanto le agradaba; sobre su partida de bolos con Will Joyce y sus "correteos detrás de las más bellas"; sobre sus recitales de Hamlet, en domingo, sus ratos de viola entre semana y otras cosas malas o vulgares, que son peores. Hasta en su vida ordinaria no deja de ser atractivo el egoísmo. El hecho de que los unos hablen de los otros, resulta casi siempre bastante molesto; pero cuando se habla de uno mismo, suele ser interesante; y cuando nos aburre, si se pudiera cerrar como se cierra un libro, sería el colmo de la perfección.

ERNEST.- Ese "sí" de Touchstone contiene mucho valor. Pero ¿propone usted en serio que cada cual se convierta en su propio Boswell? Entonces, ¿qué sería de nuestros buenos biógrafos?

GILBERT.- ¿Qué ha pasado con ellos? Son la plaga de este siglo, ni más ni menos. Hoy en día todos los grandes hombres tienen discípulos, y siempre hay un judas que se encarga de escribir la biografía.

ERNEST.- ¡Mi querido amigo!

GILBERT.- ¡Mucho me temo que es cierto! Antiguamente canonizaban a los héroes. Ahora, en cambio, se vulgarizan. Hay ediciones baratas de grandes libros que pueden ser fantásticas; pero cualquier edición barata de un gran hombre será ciertamente detestable.

ERNEST.- ¿A quién se refiere?

GILBERT.- ¡Oh!, a cualquiera de nuestros literatos de segundo orden. Vivimos rodeados de un montón de gentes que en cuanto un poeta o un pintor fallecen, llegan a la casa con el empleado de pompas fúnebres y se olvidan de que lo único que deben hacer es estar callados. Pero no hablemos de ellos. Son los enterradores de la literatura. A unos les toca el polvo y a otros las cenizas; pero gracias a Dios, el alma queda fuera de su alcance. Por cierto, ahora, ¿qué le apetece que toque, Chopin o Dvorak? ¿Una fantasía de Dvorak, quizá? Ha escrito cosas apasionadas y de gran colorido.

ERNEST.- No; no me apetece oír música ahora. Es demasiado indefinida. Además, anoche, en la cena mi pareja era la baronesa de Bernstein, y ella, que es tan encantadora en todo, se empeñó en hablar de música, como si ésta estuviese escrita tan sólo en alemán. Y en el caso de estar escrita en una lengua, estoy persuadido de que no sería en la alemana. Hay formas de patriotismo verdaderamente degradantes. No, se lo ruego Gilbert; no toque más. Hablemos. Hábleme hasta que entre en la habitación el día de cuernos blancos. Hay algo en su voz que me maravilla.

GILBERT (Levantándose del piano.)-. No estoy de demasiado humor para conversar con usted hoy. ¡Hace usted mal en sonreír! Le aseguro que no me encuentro en condiciones. ¿Dónde he dejado los cigarrillos? Gracias. ¡Qué finos son estos narcisos! Parecen de ámbar y de marfil nuevo. Son como unos objetos griegos de la mejor época. ¿Qué es lo que realmente le hizo a usted reír en las confesiones del patético académico? Dígame. Después de haber interpretado a Chopin, me siento como si hubiese llorado por unos pecados ajenos y llevase luto por las tragedias de otros. La música produce siempre ese efecto en mí. Nos crea un pasado que hasta entonces desconocíamos y nos llena del sentimiento de penas que fueron robadas a nuestras lágrimas. Me imagino a un hombre que siempre hubiese llevado una vida vulgar y que oyendo un día (por casualidad) algún intenso fragmento de esta música, descubriera repentinamente que su alma ha pasado, sin él saberlo, por terribles pruebas y conocido desbordantes alegrías, amores ardentísimos o grandes sacrificios. Cuénteme esa historia, Ernest. Deseo matar el aburrimiento.

ERNEST.- ¡Oh! No sé qué era realmente, pero he encontrado en ella un ejemplo verdaderamente admirable del valor real de la crítica de arte corriente. Parece ser que un día cierta señora preguntó gravemente al patético académico, como usted le llama, si su célebre cuadro Día de primavera en Whiteley o

Esperando el último ómnibus o un nombre parecido, lo había pintado todo él mismo.

GILBERT.- ¿Y era así?

ERNEST.- Es usted incorregible. Pero, bromas aparte, ¿para qué sirve la crítica de arte? ¿Por qué no dejar al artista que cree su propio mundo, o, si no, representar el mundo que todos conocemos y del que cada uno de nosotros, a mi juicio, se cansaría si el arte, con su delicado espíritu de selección, no lo purificase para nosotros y no le diese una perfección característica del autor? Me parece que la imaginación debería extender la soledad a su alrededor, y que trabajaría mejor en medio del silencio y del recogimiento. ¿Por qué razón el artista ha de ser turbado por el retumbar estridente de la crítica? ¿Y por qué los que son incapaces de crear se empeñan en juzgar a los que sí tienen el don creativo? ¿Con qué autoridad?... Si la obra de un artista es fácil de comprender, sobra todo comentario...

GILBERT.- Y si su obra, por el contrario, no se entiende, todo comentario es perjudicial.

ERNEST.- Yo no he querido decir eso.

GILBERT.- ¡Pues debería haberlo dicho! En nuestros días quedan ya tan pocos misterios, que no podemos sufrir el vernos privados de uno de ellos. Todos los miembros de la Browning Soeciety, los teólogos de la Broad Church Party o los autores de las Great Writers Series, de Walter Scott, creo que pierden el tiempo intentando dar un sentido coherente a sus divinidades. Todos creían que Browning era un místico. Pues bien: ellos han intentado demostrar que era tan sólo impreciso. Se suponía que él escondía algo, pues ellos han probado que no había ningún tipo de misterio en su obra. Pero sólo en su obra más abstracta. En conjunto, fue un gran hombre. No pertenecía a la raza de los olímpicos y era imperfecto como un Titán. No tenía una visión demasiado amplia y cantó sólo unas cuantas veces. Echó a perder su obra por la lucha, por la violencia y el esfuerzo, y sentía ninguna emoción por la armonía de la forma, sino por el caos. Pero a pesar de esto, fue grande. Le han llamado pensador, y es cierto que fue un hombre que pensó siempre y además en voz alta; pero no fue el pensamiento lo que lo sedujo, sino más bien los procedimientos que utiliza para culminar su obra. Amaba la máquina en sí y no su utilidad práctica. El método, por el cual el tonto llega a la tontería, le interesaba de la misma manera que la suprema sabiduría del sabio. Y el delicado mecanismo del pensamiento le atraía hasta tal punto, que llegó a despreciar el lenguaje o a considerarlo como un instrumento incompleto para expresarse. La rima, ese eco exquisito que en lo más hondo del valle de las Musas crea su propia voz y la contesta; la rima, que en manos de un auténtico artista es, no sólo un elemento material de armonía métrica, sino un elemento espiritual de pensamiento y al mismo tiempo de pasión, mediante el cual despierta nuevos estados de ánimo, dando lugar a un resurgimiento de ideas y abriendo con su dulzura y con una sugestiva sonoridad, puertas de oro que ni tan siquiera la imaginación ha logrado abrir nunca; la rima, que transforma en lenguaje de dioses la elocuencia; la rima, única cuerda que hemos añadido a la lira griega, se convierte, al ser tocada por Robert Browning, en una cosa grotesca y deforme, disfrazado a veces de bufón de la poesía, de vulgar comediante, pero que consiguió cabalgar en numerosas ocasiones a Pegaso, chasqueando la lengua. Hay momentos en que encontramos su música monstruosa, y nos hiere, y si no puede producirla más que rompiendo las cuerdas de su laúd, las rompe con crujidos desacordes, sin que sobre su marfil se pose ninguna cigarra ateniense de vibrantes alas melodiosas, para conseguir que el movimiento sea armónico o la pausa algo más suave. Y, sin embargo, fue grande, y a pesar de haber hecho del lenguaje un lodazal inmundo, se sirvió de él para dar vida a hombres y mujeres. Después de Shakespeare es el ser más shakespeariano que existe. Si Shakespeare cantaba a través de miles de labios, Browning balbuceaba con miles de bocas. Incluso en este preciso instante, que estoy hablando no en contra de él, sino para él, veo deslizarse en la habitación su elenco entero de personajes. Por allí va fra Lippo Lippi, con las mejillas coloradas aún por el ardiente beso de alguna bella doncella. Allá, de pie, terrible, está Saúl, cuyo turbante centellea ahogado en zafiros principescos. También veo a Mildred Tresham y al fraile español, con el rostro amarillo de odio, y a Blougran, Ben Ezra y al obispo de San Práxedes. El aborto infernal de Calibán chilla en un rincón, y Sebaldo, oyendo pasar a Pippa, contempla el hosco rostro de Ottima, y la odia, por su crimen y por él mismo. Pálido como el raso blanco de su jubón, el rey melancólico espía con sus ojos traidores de soñador el caballero Strafford, demasiado leal, que va hacia su destino. Y Andrea se estremece oyendo silbar a sus primos en el jardín, y prohíbe bajar a su ejemplar esposa... Sí, desde luego Browning fue grande. Pero ¿cómo lo verán en el futuro? ¿Como poeta? ¡Ah, no! Pasará como escritor fantástico; como el más grande escritor fantástico que ha habido nunca. Su sentido del drama y la tragedia era incomparable, y si no pudo resolver sus propios problemas, al menos, los planteó, que es lo que debe intentar un artista. Como creador de personajes, está a la altura del autor de Hamlet. De haber sido más ordenado, hubiera podido sentarse junto a él. El único hombre digno de tocar la orla de su vestido es George Meredith. Meredith es otro Browning, que se sirvió de su poesía para escribir en prosa.

ERNEST.- Desde luego, hay algo de verdad en lo que usted dice. Pero es poco objetivo en muchos puntos.

GILBERT.- Es casi imposible serlo con lo que se ama. Pero volvamos al tema en cuestión. ¿Qué me decía?

ERNEST.- Pues sólo esto: que en los tiempos gloriosos del arte no había críticos de arte.

GILBERT.- Creo haber oído ya esa observación antes, Ernest. Tiene toda la vitalidad de un error y es tan aburrida como un viejo amigo.

ERNEST.- Pues siento decirle que es cierta... Sí, aunque mueva usted la cabeza con tanta petulancia. Es completamente cierta; en otros tiempos mejores no había críticos de arte. El escultor hacía surgir del bloque de mármol el gran Hermes de miembros blancos que en él dormía. También los callistas y doradores de imágenes daban el tono y la perfecta textura a la estatua, y el Universo, mientras la contemplaba, en silencio, la adoraba. El artista vertía el bronce en fusión en el molde de barro, y el ruido de metal al rojo vivo se hacía sólido en forma de nobles curvas, tomando la forma de un dios. Daba vida a los ojos ciegos, con esmalte y piedras preciosas. Los ondulados y dorados cabellos de jacinto se rizaban bajo su buril. Y cuando en algún templo sombrío, de frescos atabiado, o bajo un pórtico de infinitas columnas bañado en sol, se alzaba el hijo de Letro en su pedestal, los paseantes podían sentir como una nueva sensación invadía sus almas y, pensativos o llenos de una extraña y enérgica alegría, volvían a sus casas, a sus trabajos o franqueaban las puertas de la ciudad hacia aquella llanura habitada por las ninfas en la que el joven Fedro mojaba sus pies; y una vez allí tumbado sobre la fresca y mullida hierba, bajo los altos plátanos que murmuran con la brisa y de los agnus castus florecidos, despertaban su pensamiento a la maravilla de belleza y callaban con sagrado temor. Entonces sí que el artista era libre. Cogía en el lecho del río arcilla fina, y con ayuda de un pequeño cincel de hueso o de madera lo modelaba en formas tan bellas, que se daban como entretenimiento a los muertos; y hoy en día las vemos cerca de las polvorientas tumbas que habitan la amarillenta colina de Tanagra, con el oro envilecido y la púrpura desgastada, que relucen aún levemente en los cabellos, en los labios y en sus ropas. Encima de un muro de cal fresca, teñido de bermellón claro o de una mezcla de leche y azafrán, pintaba una figura (con cansado paso por entre los campos de asfódelos, por aquellos campos rojos y sembrados de estrellas blancas) "cuyos ojos guardan bajo los párpados la guerra de

Troya", que representaba a Polixena, la hija de Príamo; o a Ulises, tan sabio y sagaz, atado al mástil para poder así oír sin peligro el embrujado canto de las sirenas, o bogando por el claro Aquerón, cuyo lecho pedregoso ve cómo pasan en grupo los espectros de los peces; o representaban a los persas, con mitra y faldilla, huyendo ante los griegos en Maratón, o también las galeras mientras chocan entre ellas sus proas de bronce en la pequeña bahía de Salamina. Disponía sólo de un punzón de plata y un carbón, de pergamino y algunos cedros preparados. Pintaba con cera ablandada con aceite de olivo y que después endurecía con un hierro al rojo vivo, sobre barro cocido color marfil o rosa. Bajo su pincel, la tabla, el mármol y la tela de lino se volvían mágicos y la Vida, contemplando esas imágenes, se detenía, y callaba por miedo a estropear tanta belleza. Toda la Vida, además, era suya: desde la de los vendedores que se sentaban en el mercado, hasta la del pastor tumbado sobre su manto en la montaña; desde la de la ninfa escondida entre las adelfas y la del Fauno tocando el caramillo bajo el sol de la mañana, hasta la del rey en su litera de infinitos cortinajes verdes, que transportaban unos esclavos sobre sus hombros relucientes de aceite, mientras otros lo refrescaban con abanicos de plumas de pavo real. Tanto hombres como mujeres, con expresiones de placer o de tristeza, desfilaban ante el artista. Y él los contemplaba atento y así se convertía en dueño de su secreto. A través de la forma y el color creaba un mundo nuevo. Todas las artes delicadas le pertenecían. Aplicaba las piedras preciosas sobre la rueda giratoria, y la amatista quedaba convertida en el lecho purpúreo de Adonis, y sobre el sardónice veteado corrían Artemisa y su jauría. Forjaba el oro en forma de rosas, que, reunidas, componían collares o brazaletes; y con oro también forjado hacían asimismo guirnaldas para el yelmo del vencedor, o palmas para la túnica tiria, o mascarillas para el regio muerto. En el reverso del espejo de plata grababa a Tetis mientras era llevada por sus Nereidas, o a Fedro, enfermo de amor con su nodriza, o a Perséfona, hastiada de sus recuerdos, poniendo adormideras en sus cabellos. El alfarero tomaba asiento en su taller, y surgía el ánfora del torno silencioso, como una flor, de sus manos. Adornaba el pie, los costados y las asas con delicadas hojas de olivo o de acanto, o con líneas onduladas. Luego pintaba efebos, de rojo y negro, luchando o corriendo, caballeros armados, con exóticos escudos heráldicos y curiosas viseras, inclinados desde el carro en forma de concha, sobre los corceles encabritados; dioses sentados en el festín o realizando prodigios: los héroes en medio de su triunfo o de su dolor. A veces trazaba en finísimas líneas de bermellón sobre fondo pálido dos lánguidos amantes, y revoloteando sobre ellos Eros, parecido a un ángel de Donatello, un niñito sonriente, con alas doradas de azur. En el lado del ánfora escribía el nombre de su amigo. En el borde de la ancha copa lisa dibujaba un ciervo sufriendo o un león descansando, según su capricho. En el pomo de esencias se hallaba Afrodita sonriendo en su tocado, y en medio de su cortejo de Ménades desnudas, Dionisos danzaba en torno a la jarra de vino con los pies negros mientras el viejo Sileno se revolcaba sobre los rebosantes odres o agitaba su mágico cetro, enguirnaldo de hiedra oscura y rematado por una pifia esculpida. Y nadie osaba molestar al artista mientras trabajaba: Ninguna charla insulsa lo turbaba. Ninguna opinión le perturbaba. Junto al Iliso, mi querido Gilbert, dice Arnold no sé dónde exactamente, no había Higginbotham. Cerca del Iliso no se celebraban burdos congresos artísticos, llevando provincianismo a las provincias y enseñando a las mediocres a perorar. En el Iliso no existían revistas aburridas que hablaban de Arte, en las cuales unos tenderos opinan y juzgan libremente. En las orillas, cubiertas de cañaverales, de aquel pequeño río no se pavoneaba ese periodismo ridículo que se cree con derecho a usurpar el sitial del juez, cuando lo único que deben hacer es pedir clemencia desde el banquillo de los acusados. Los griegos no eran buenos críticos de arte.

GILBERT.- Es usted encantador, Ernest pero sus opiniones son del todo falsas. Me temo que haya escuchado la conversación de personas de más edad que usted, cosa siempre peligrosa, y que si permite usted que degenere en costumbre, será fatal para su carrera intelectual. En cuanto al periodismo moderno, no me creo con derecho a defenderlo. Su existencia queda del todo justificada por el gran principio darwiniano de la supervivencia de los más vulgares. De literatura es de lo único que puedo hablar.

ERNEST.- Pero ¿es qué hay tanta diferencia entre la literatura y el periodismo?

GILBERT.- ¡Oh! Por supuesto. El periodismo es ilegible y la literatura no se lee. ¿Qué quiere que le diga más? Y en cuanto a su afirmación de que los griegos no eran buenos críticos de arte, me parece absurda. Precisamente los griegos eran una nación de auténticos críticos de arte.

ERNEST.- ¿En serio?

GILBERT.- Sí. Se trataba de una nación de auténticos críticos. Pero no quiero destruir el cuadro, tan exquisitamente inexacto que ha trazado usted de las relaciones entre el artista heleno y la intelectualidad de la época; describir con precisión lo que no sucedió nunca es, no solamente tarea del historiador, sino también un privilegio inalienable para cualquier hombre culto y con talento. Deseo aún menos disertar sabiamente: la conversación erudita es la pose del ignorante o la ocupación del hombre mentalmente desocupado. En cuanto a eso que la gente llama "conversación moralizadora", constituye simplemente el necio método a través del cual los filántropos, más necios todavía, intentan desarmar el justo rencor de las clases criminales. No, déjeme usted interpretar algún frenético fragmento de Dvorak. Las pálidas figuras del tapiz nos sonríen y el sueño envuelve los pesados párpados de mi Narciso de bronce. No es momento de que discutamos nada en serio. Ya sé que vivimos en un siglo en el que tan sólo se toma en serio a los necios, y vivo con el terror de no ser incomprendido. No haga usted que me rebaje hasta el punto de hacer que le suministre datos útiles. La educación es algo admirable; pero conviene recordar de vez en cuando que nada de lo que vale la pena de ser conocido puede enseñarse. Por entre las cortinas la luna se me figura como una moneda de plata recortada. Las estrellas, en derredor, son como un enjambre de doradas abejas. El cenit es un duro zafiro cóncavo. Salgamos afuera. El pensamiento es maravilloso; pero la aventura y el misterio son más maravillosos todavía. Podríamos encontrarnos al príncipe Florizel de Bohemia y si no oiremos decir a la bella Cubana que es pura apariencia.

ERNEST.- Es usted un auténtico despótico. Insisto en que discuta conmigo esta cuestión. Ha dicho usted que los griegos eran una nación de auténticos críticos de arte. ¿Hay en su legado algo de crítica?

GILBERT.- Queridísimo Ernest, aunque no hubiese llegado hasta nosotros ningún fragmento de crítica de arte de los tiempos helenos, no por eso sería menos cierto que los griegos fueron una nación de buenos críticos y que ellos fueron quienes la inventaron, como el resto de críticas. ¿Qué es lo que por encima de todo debemos a los griegos? Pues eso precisamente, el espíritu crítico. Y este espíritu que ellos ejercían sobre cuestiones religiosas, científicas, éticas, metafísicas, políticas y educativas, la emplearon después para cuestiones de arte, y realmente nos han legado sobre las dos artes más elevadas, sobre las más exquisitas, el más perfecto sistema de crítica que jamás ha existido.

ERNEST.- ¿A qué dos artes elevadas se refiere usted?

GILBERT.- A la Vida y a la Literatura; la Vida y su más fiel representación. Los principios sobre la Vida, tales como los establecieron los griegos, no podemos aplicarlos en un siglo tan corrompido en el que imperan los falsos ideales. Sus principios sobre el arte y sobre la literatura son con frecuencia tan sutiles que nos es muy difícil llegar a comprenderlos. Reconociendo que el arte más perfecto es el que refleja con mayor plenitud al hombre en toda su infinita variedad, elaboraron la crítica del lenguaje considerado bajo su aspecto puramente material y la llevaron hasta un punto al que no podríamos alcanzar, ni tan siquiera aproximarnos, con nuestro sistema de acentuación enfáticamente racional o emotivo, estudiando, por ejemplo, los movimientos métricos de la prosa, tan científicamente como un músico moderno estudia la armonía y el contrapunto, y no necesito decirle con un instinto estético mucho más afinado. Y como siempre, tenían razón. Desde la aparición de la imprenta y la patética y triste evolución de la costumbre de leer entre las clases media y baja de este país, hay en literatura cierta tendencia a dirigirse más a los ojos y menos al oído, sentido este último que en arte literario puro debería siempre procurarse satisfacer sin apartarse nunca de sus "leyes" de voluptuosidad. Es más, incluso la obra de mister Walter Pater, el mejor maestro, sin duda, de la prosa inglesa contemporánea, se semeja con frecuencia mucho más a un trozo de mosaico que a un trozo de música: parece faltarle aquí y allá la verdadera vida rítmica de las palabras, la bella libertad y la riqueza de efectos que esa vida rítmica produce. Hemos hecho, en suma, del arte de escribir un modo determinado de composición, y lo entendemos como una forma de dibujo minucioso y preciso. Los griegos consideraban el arte de escribir como un medio de contar, sólo eso. Su prueba era siempre la palabra "hablada" en sus relaciones musicales y métricas. La voz era el agente intermediario, y el oído, el crítico. He pensado a veces que la historia de la ceguera de Homero ha podido muy bien ser en realidad tan sólo un mito artístico, creado en tiempos de crítica, para recordarnos, no sólo que un gran poeta es siempre un vidente cuyos ojos corporales ven menos que los del alma, sino que es también un auténtico trovador, que crea su poema con música, repitiendo cada verso las veces que sean necesarias, hasta captar el secreto de su melodía, profiriendo en la oscuridad palabras aladas de luz. Sea como fuere, su ceguera fue la ocasión, si no la causa, de que el gran poeta inglés se comprometiera con ese movimiento majestuoso y ese sonoro esplendor de sus últimos versos. Milton dejó de escribir para ponerse a cantar. ¿Quién se atrevería a comparar las cadencias de Comus con las del Sansón Agonistes, o con las de El Paraíso perdido, o de El Paraíso encontrado? Al quedarse ciego compuso, como todos debieron hacer, solamente con su propia voz; y así el caramillo y la zampoña de los primeros tiempos llegaron a ser ese órgano potente de múltiples registros, cuya rica y sonora música posee la riqueza del verso homérico, pero no en cambio su ligereza, constituyendo la única herencia imperecedera y eterna de la literatura inglesa, pasando de siglo en siglo con solemnidad, porque domina al tiempo, y durará tanto como ellos en su forma inmortal. Desde luego, escribir ha hecho mucho daño a los escritores. Hay que volver a los orígenes de la voz. Que sea esta nuestra pauta, y quizá entonces lleguemos a ser capaces de apreciar las sutilezas de la crítica de arte griega. Hoy no es posible hacer tal cosa. A veces cuando he escrito una página de prosa que considero con modestia como absolutamente irreprochable, se me ocurre una idea terrible: pienso que soy quizá culpable, que he sido acaso lo bastante afeminado y lo bastante inmoral para emplear movimientos trocalcos y tribráquicos, crimen por el cual un crítico sabio del siglo de Augusto censura con justísima severidad al brillante, aunque algo paradójico, Hegesias. Siento un escalofrío cuando pienso en ello, y me pregunto si el admirable resultado ético de la prosa de ese escritor fascinante que, con su espíritu de despreocupada generosidad hacia la parte inculta de nuestra nación, proclamó la monstruosa doctrina de que la conducta representa las tres cuartas partes de la vida, quedará algún día aniquilada al descubrir que los "peones" no habían sido medidos correctamente.

ERNEST.- ¡Bah! No habla usted en serio.

GILBERT.- ¿Y cómo podría hacerlo ante una afirmación con tono grave de que los griegos no eran buenos críticos de arte? Puedo admitir que se diga que el genio constructor de los griegos se perdió en la crítica, pero no que la raza a la cual debemos el espíritu crítico no lo haya ejercitado. No querrá usted que le haga un resumen de la crítica de arte en Grecia desde Plutón hasta Plotino. La noche es demasiado encantadora para eso, y si la luna nos oyese cubriría su faz con más cenizas aún. Recordemos tan sólo una obrita perfecta de crítica estética, la Poética, de Aristóteles. No está escrita con finura; se compone quizá únicamente de notas tomadas para una conferencia sobre el arte o de fragmentos aislados destinados a formar parte de otro libro más importante. No es su forma lo importante, sino su concepción general. La acción del arte sobre la ética, su trascendencia para la cultura y el desarrollo del espíritu y su papel en la formación del carácter, habían sido definidos ya antes por Platón; pero en esa obra vemos el arte considerado desde el punto de vista estético y no sólo moral. Platón había tratado, desde luego, numerosos temas artísticos, tales como la importancia de la unidad en una obra de arte, la necesidad del tono y de la armonía, el valor estético de las apariencias, las relaciones entre las artes plásticas y el mundo exterior y entre la ficción y la historia. Quizá fue el primero en remover en el alma humana ese deseo, aún insatisfecho, de saber qué lazo une a la Belleza con la Verdad, y el lugar de lo Bello en el orden moral e intelectual del Cosmos. Los problemas del idealismo y del realismo que él sitúa en la esfera metafísica de la existencia abstracta pueden parecer allí estériles; pero llévelos al ámbito artístico, y los encontrará siempre vivos y llenos de significación. Acaso Platón esté destinado a sobrevivir como crítico de la Belleza, y puede que, cambiando el nombre de la esfera en que se mueven sus especulaciones, descubriésemos una nueva filosofía. Pero Aristóteles, como Goethe, se ocupaba del arte tratando lo primero de sus manifestaciones concretas; se fija, por ejemplo, en la tragedia, y examina la materia utilizada por ésta, que es el lenguaje; su método, que es la acción; las condiciones en las cuales se revela, que son las representaciones teatrales; su estructura lógica, que es la intriga, y su fin estético, que es evocar el sentimiento de la belleza realizada por medio de las pasiones, la piedad y el miedo. Tal purificación, y espiritualización de la Naturaleza, es, como observó muy bien Goethe, esencialmente estética y no ética, como Lessing creía. Aristóteles analiza a priori esa impresión que produce la obra de arte, busca su origen, ve cómo nace. Como fisiólogo y psicólogo, sabe que la salud de una función reside en su energía. Sentirse capaz de experimentar una pasión y no darse cuenta de ello, es resignarse al ser incompleto y limitado. El espectáculo imitado de la vida que ofrece la tragedia preserva al corazón de muchos "gérmenes peligrosos", y presentando móviles elevados y nobles en el juego de las emociones, purifica al hombre y lo espiritualiza y no sólo lo espiritualiza, sino que lo inicia en nobles sentimientos que hubiera él podido ignorar siempre. Esto no es, naturalmente, más que un simple bosquejo del libro. Pero ya ve usted qué bella crítica de arte nos ofrece. ¿Quién sino un griego podría haber llevado a cabo un análisis del arte semejante? Después de haberlo leído, ya no nos sorprendemos de que Alejandría se consagrara tan enteramente a la crítica de arte y que los espíritus cultos de la época hayan examinado todas las cuestiones de estilo y de género, discutiendo tanto sobre las grandes escuelas académicas de pintura como, por ejemplo, la de Sicione, que se esforzaba en mantener las dignas tradiciones de la moda antigua, o sobre las escuelas realistas e impresionistas, que querían reproducir la vida real, o sobre los principios del idealismo en el retrato, o sobre el valor de la forma ética en una época tan moderna como la suya, o también sobre los temas que pueden convenir adecuadamente al artista. E incluso temo que los temperamentos inartísticos de aquel tiempo se hayan ocupado también en literatura y de arte, porque las acusaciones de plagio eran infinitas, y semejantes acusaciones emanan o de los labios finos y exangües de la impotencia, o de las bocazas grotescas de los que, no poseyendo nada suyo, se imaginan que pasarán por ricos gritando que les han robado. Y le aseguro, mi querido Ernest, que los griegos charlaban sobre los pintores tanto como se hace hoy día, que tenían sus galerías particulares y sus exposiciones de pago, sus corporaciones de artes y oficios, sus movimientos prerrafaelistas, y realistas, que daban preciositas conferencias y escribían ensayos sobre el arte y que tenían sus historiadores de arte, sus arqueólogos, etc. Es más, hasta los directores de teatros llevaban consigo en sus giras a sus críticos dramáticos y les pagaban cantidades escandalosas para que redactasen reseñas elogiosas. En fin: todo lo moderno que tenemos hoy se lo debemos a los griegos; y todo lo que es anacrónico, a la Edad Media. Los griegos han sido quienes nos han legado todo nuestro sistema de crítica de arte; y podemos apreciar la delicadeza de su instinto por el hecho de que el arte que criticaban con el mayor cuidado era, repito, el lenguaje. Porque la materia que emplean los pintores y los escultores es pobre comparada con las palabras. Las palabras no sólo poseen una música tan dulce como la de la viola y el laúd, colores tan ricos y vivos como los que nos hacen adorables los lienzos de los venecianos o de los españoles, y una forma plástica tan cierta y segura como la que se revela en el mármol o en el bronce, sino que sólo ellas poseen el pensamiento, la pasión y la espiritualidad. Aunque los griegos no hubieran hecho más que la crítica del lenguaje, no por eso dejarían de ser los más grandes críticos de arte del mundo; pues conocer los principios del arte supremo es conocer también los principios del resto de las artes. Pero ahora veo que la luna se oculta detrás de una nube color azufre. Fuera de una rojiza melena agitada, brilla como un ojo de león. Usted no desea que le hable de Luciano y de Longinos, de Quintiliano y de Dionisio, de Plinio, y de Frontón, y de Pausanias, y de todos los que en el mundo antiguo escribieron o hablaron sobre el arte. Pero no debe asustarse. Estoy cansado de mi carrera por el abismo sombrío y estúpido de los hechos. Tan sólo me queda la efímera voluptuosidad de un nuevo cigarrillo. Estos poseen, al menos, el encanto de dejarlo a uno insatisfecho.

ERNEST.- Tenga; pruebe uno de estos, que son muy buenos. Me llegan directamente de El Cairo. Lo único para lo que sirven estos agregados nuestros de la Embajada es para proveer a sus amigos de buen tabaco. Y como la luna se ha escondido, hablemos un poco más. Estoy dispuesto a admitir que estaba equivocado en lo que he dicho de los griegos. Fueron, como usted ha demostrado, una nación de críticos de arte. Debo admitirlo y lo siento por ellos. Ya que la facultad creadora es superior a la facultad de crítica, y no pueden ni compararse.

GILBERT.- La oposición entre ambas es puramente arbitraria. Cualquier creación artística sin espíritu crítico es indigna de ese nombre. Hablaba usted hace un momento de ese fino espíritu de elección y de ese delicado instinto de selección con el cual el artista crea la vida para nosotros y le da una perfección momentánea. Pues bien: ese espíritu de elección, ese tacto sutil de emisión, no es otra cosa que la facultad crítica bajo uno de sus aspectos más característicos, y quien no posee esa facultad crítica no puede crear nada en arte. Arnold decía que la literatura es en realidad la crítica de la vida, definición, de forma quizá no muy afortunada, pero que muestra hasta qué punto reconocía la importancia del elemento crítico en toda obra de arte.

ERNEST.- Debería haber dicho que los grandes artistas trabajan de forma inconsciente, que eran "más sabios de lo que sabían", como creo que hace notar Emerson en alguna parte.

GILBERT.- Ni hablar, Ernest. No es así. Toda bella cración artística es consciente y reflexiva. Ningún poeta, al menos ningún gran poeta, canta porque deba cantar. Un gran poeta canta porque quiere cantar. Así es, y así ha sido, y así será siempre. A veces pensamos que las voces que resonaron en la aurora de la poesía eran más sencillas, más vigorosas y más naturales que las nuestras, y que el universo, tal como lo contemplaban y lo recorrían los poetas de entonces podía, merced a una virtud poética especial, convertirse en canto sin sufrir casi modificación. En nuestros días la nieve cubre el Olimpo, y sus laderas escarpadas son yermas y heladas; pero en otro tiempo, según nuestro sueño, los blancos pies de las musas rozaban el rocío matinal de las anémonas, y Apolo venía de noche a cantar a los pastores en el valle. Pero no hacemos con esto sino atribuir a otras edades lo que deseamos o creemos desear para la nuestra. Nuestro sentido histórico está desorientado. Todo siglo que produce poesía, por alejado que sea, es por eso mismo un siglo artificial, y la obra que nos parece más natural y más sencilla de su época es siempre el rezo. Créame, mi querido Ernest, "no hay arte dotado de belleza sin conciencia de sí mismo", y la conciencia de sí mismo y el espíritu crítico son una sola cosa.

ERNEST.- Comprendo lo que quiere usted decir. Hay mucho de verdad en ello. Pero reconocerá usted, sin duda, que los grandes poemas del mundo antiguo, los poemas primitivos, anónimos, colectivos, fueron el resultado más bien de la imaginación de razas que de la imaginación individual.

GILBERT.- No cuando se convirtieron en poesía ni cuando recibieron una bella forma. Porque no hay arte sin estilo, no hay estilo sin unidad, y la unidad pertenece al individuo. Evidentemente, Homero utilizó viejas narraciones y antiguas baladas, lo mismo que Shakespeare eligió crónicas, obras de teatro y novelas como elementos de trabajo; pero estas cosas sólo fueron la materia en bruto de su obra. Las tomó y las modeló en cantos, Las hizo suyas porque las revistió de belleza. Fueron construidas con música, "y de esta manera, sin intención de construir nada, quedaron construidas para la eternidad". Cuanto más se estudia la vida y la literatura, mi querido amigo, más hondamente se siente que, detrás de todo lo que es maravilloso, está el individuo, y que no es el momento el que hace al hombre, sino el hombre el que define su época. Realmente, prefiero pensar que cada mito, cada leyenda que nos asombra su origen: en el terror, en la fantasía de una tribu o de una nación, fueron en realidad creados por un solo espíritu. El número, singularmente restringido, de los mitos, me parece confirmar esta opinión. Pero no nos extraviemos en la mitología comparada. Quedémonos en la crítica. Lo que quiero demostrar es esto. Una época sin crítica es una época en la que el arte no existe, o bien permanece inmóvil, hierático, y se limita a la reproducción de tipos consagrados. Hay épocas en que la crítica no aportó nada en absoluto; el espíritu humano estaba demasiado preocupado en poner en orden sus tesoros, separar el oro de la plata y la plata del plomo, contar las joyas y dar nombres a las diferentes clases de perlas. En cambio, cualquier época creadora tuvo que ser forzosamente también crítica. Porque es la facultad crítica la que inventa formas nuevas. La creación tiende a repetirse. Al instinto crítico se debe toda nueva escuela que surge, cada nuevo molde que el arte encuentra preparado y a mano. Ni una sola forma empleada ahora por el arte proviene de otro lugar que no sea del espíritu crítico de Alejandría, donde esas formas fueron inventadas y perfeccionadas. Cito a Alejandría, no sólo porque fue allí donde el espíritu griego se hizo más consciente y acabó por fenecer en el escepticismo y la teología, sino porque Roma elegía sus modelos en aquella ciudad y no en Atenas, y porque, gracias a la supervivencia en dicha ciudad de la lengua latina, pudo sobrevivir la cultura intelectual. Cuando la literatura griega se difundió por Europa en el Renacimiento, el terreno le había sido ya de alguna manera allanado. Pero, prescindiendo de los detalles históricos, que son siempre fastidiosos y generalmente inexactos, digamos únicamente que las diversas formas de arte nacieron del espíritu crítico griego. Le debemos la poesía épica y lírica, todo el drama en cada uno de sus géneros, entre ellos el satírico, el idílico, la novela romántica, la novela de aventuras, la crónica, el ensayo, el discurso, el diálogo, la conferencia (ésta quizá no deberíamos perdonársela) y el epigrama de esta palabra. Le debemos, en definitiva, todo, excepto el soneto, respecto al cual podrían encontrarse curiosos paralelos, como "ritmo de pensamiento", en la antología, el periodismo americano (con respecto al cual no podría encontrarse paralelo en ninguna parte), y la balada en falso dialecto escocés, de la cual ha querido hacer recientemente uno de nuestros más laboriosos escritores la base de un esfuerzo unánime y final que elevara a la categoría de románticos a todos nuestros poetas de segundo orden. Cada escuela que surge nueva grita desde su aparición contra la crítica que se hace de ella, cuando es precisamente a la facultad crítica a quien debe su origen. El puro instinto creador no invoca, sino recrea.

ERNEST.- Usted habla de la crítica como de una parte esencial del espíritu creador, y ahora comparto totalmente su teoría. Pero ¿qué piensa de la crítica al margen de la creación? Tengo la penosa costumbre de leer revistas, y me parece que la crítica moderna, en general, es bastante mediocre.

GILBERT.- Ocurre lo mismo con la mayoría de las obras creadoras que se hacen ahora. La mediocridad juzga a la mediocridad y la incompetencia aplaude a su hermana gemela; tal es el espectáculo que la actividad artística inglesa nos ofrece de cuando en cuando. Sin embargo, me siento un poco injusto en esta ocasión. Casi siempre, los críticos (hablo, naturalmente, de la clase más elevada, de los que escriben en los periódicos de dos reales) saben más que los artistas responsables de las obras que los primeros deben analizar. Lo cual era de esperar, pues la crítica requiere mucha más cultura que la creación en sí.

ERNEST.- ¿Lo cree de veras?

GILBERT.- Claro que sí. Todo el mundo es capaz de escribir una novela en tres tomos. Basta para ello una completa ignorancia de la vida y de la literatura. La dificultad con que deben, a lo que imagino, tropezar los analistas, es la de sostenerse a cierto nivel, la de mantener un ideal. Donde no hay estilo no hay idea. Los pobres críticos se ven probablemente reducidos a ser los reporteros de la policía correccional de la literatura, los cronistas de los delitos habituales de los criminales del arte. Se ha dicho muchas veces que no leen en absoluto las obras que tienen que criticar. Es cierto, o, por lo menos, debería serlo. Si las leyesen, se convertirían en unos misántropos empedernidos, o, utilizando una frase de una de las más encantadoras estudiantas de Newnham, "unos misóginos impertinentes para el resto de su vida". Y, además, no es necesario. Para conocer el origen y la calidad de un vino es inútil beber el tonel entero. Se puede decir fácilmente en media hora si un libro es bueno o no vale nada. Basta, incluso, con diez minutos, si se posee el instinto de la forma, ¿Para qué perderse en un libro estúpido? Se cata, y ya es bastante, más que bastante. Sé que hay muchos trabajadores honrados, tanto en pintura como en literatura, totalmente contrarios a la crítica. Tienen razón. Sus obras carecen de toda relación intelectual con su época. No nos aportan ningún elemento novedoso de placer ni nos sugieren ningún nuevo impulso de pensamiento, de pasión o de belleza. No merece la pena hablar de ellas. Deben relegarse en el olvido más profundo.

ERNEST.- No me mal interprete, querido amigo; pero creo que se deja usted llevar demasiado por su pasión hacia la crítica. Ya que, después de todo, debe admitir que es mucho más difícil hacer algo que luego hablar de ello.

GILBERT.- ¿Más difícil hacer algo que hablar de ello? ¡Todo lo contrario! Incurre usted en un grave error. Es infinitamente más difícil hablar de una cosa que hacerla. Es más, la vida moderna es un claro reflejo de esto que le digo: cualquiera puede hacer historia. En cambio, sólo un gran hombre puede escribirla. No hay ninguna forma de acción o de emoción que no compartamos con los animales que nos son inferiores. Únicamente por la palabra nos hallamos por encima de ellos, o nos elevamos, entre los hombres, unos sobre otros, únicamente, por el lenguaje, que es la causa y no la consecuencia del pensamiento. La acción siempre es fácil, y cuando se presenta a nosotros bajo su forma más grave, por ser la más continua, es decir, bajo la del trabajo real, se convierte simplemente en el refugio de la gente que no tiene absolutamente nada que hacer. No, Ernest; no hable usted de la acción. Es una cosa ciega, sometida a influencias exteriores, movida por un impulso cuya naturaleza desconoce ella. Es una cosa esencialmente incompleta, puesto que está limitada por el azar y desconoce su destino y jamás está de acuerdo con su finalidad. Su origen es la falta de imaginación. Se trata del último recurso para aquellos que no saben fantasear.

ERNEST.- Querido Gilbert, usted trata al mundo como si fuese una bola de cristal. Lo retiene en su mano y lo vuelca después para satisfacer así a su fantasía despótica. Lo único que está haciendo es reescribir lo que ya está escrito.

GILBERT.- Este es nuestro único deber con la historia. Y por cierto, no es de las menores tareas reservadas al espíritu crítico. Cuando descubramos las leyes científicas que rigen la vida, entenderemos por qué el hombre de acción se ilusiona mucho más que el soñador. Éste no conoce ni el origen de sus actos ni sus consecuencias. En el campo donde creyó haber sembrado espinos hacemos nuestra vendimia, y la higuera que él plantó por complacernos es estéril como el cardo y encima, mucho más amarga. La Humanidad siempre ha enccontrado su camino porque desconocía el rumbo.

ERNEST.- Entonces, ¿cree que en la esfera de la acción, una ilusión es un fin consciente?

GILBERT.- Peor aún. Si viviéramos lo suficiente para ver las consecuencias de nuestras actuaciones, podría suceder que los que se llaman buenos se vieran afligidos por un pesado remordimiento, y que los tachados de malos por el mundo gozarían de una noble alegría. Cada pequeña cosa que hacemos pasa después a la gran máquina de la vida que puede moler nuestras virtudes en inútil polvo o transformar nuestros pecados en elementos de una nueva civilización más maravillosa que ninguna de las precedentes. Pero los hombres son esclavos de las palabras. Se alzan iracundos contra el materialismo, como ellos lo llaman, olvidando que no ha habido progreso material que no haya espiritualizado al mundo, y que ha habido muy pocos, si los hubo, despertares espirituales que no hayan malgastado las facultades del mundo en estériles esperanzas en aspiraciones infecundas y en creencias vacías y entorpecedoras. Lo que se denomina pecado es un elemento esencial del progreso. Sin él, el mundo se estancaría, perdería la juventud y el colorido. Con su curiosidad, el pecado aumenta la experiencia de la raza. Al intensificar el individualismo nos salva de la monotonía del "tipo". Su repulsa de las nociones corrientes sobre la moralidad le hace poseer la más elevada moral. En cuanto a las virtudes, ¿qué son realmente? La Naturaleza (según Renán) apenas se ocupa de la castidad, y es quizá al oprobio de la Magdalena, y no a su pureza en símisina, a lo que deben las Lucrecias de la vida moderna su irreprochabilídad. La caridad, como han tenido que reconocer incluso aquellos para quienes constituye casi por entero su religión, la caridad crea una multitud de males. La existencia misma de la conciencia. Esa facultad de que habla tanto la gente y de la que se siente tan ciegamente orgullosa, es un signo de nuestro desarrollo imperfecto. Para que seamos realmente buenos es preciso que se confunda con el instinto. La abnegación es, sencillamente un método con el cual el hombre detiene su marcha. El sacrificio de sí mismo es una supervivencia de las mutilaciones de los salvajes, una parte de ese antiguo culto al dolor que desempeñó un papel tan terrible en la historia del mundo, y que incluso hoy día hace víctimas, pues posee altares todavía.

¡Las virtudes! ¿Quién sabe lo que son en realidad? No lo sabernos ni usted, ni yo, ni nadie. Castigamos al criminal por vanidad nuestra, porque, si le pemitiésemos vivir, podría enseñarnos lo que hemos conseguido con su crimen. El santo va hacia el martirio para conservar su paz interior. De esta foma se libra de la horripilante visión, más tarde, de los frutos de su siembra.

ERNEST.- Querido Gilbert, su tono es demasiado áspero. Volvamos al terreno de la literatura, que es más agradable. ¿Qué estaba usted diciendo? ¿Que era más difícil hablar de algo que hacerlo?

GILBERT (Tras una pausa.).- Sí; creo que se trata de una verdad muy sencilla. Ahora verá usted cómo tengo razón. El hombre, cuando actúa, no es más que una marioneta. Cuando describe es un poeta. Todo el secreto consiste en eso. Era fácil, en las llanuras arenosas de Ilión, la ciudad azotada por los vientos, lanzar con el arco pintado la flecha cortada, o asestar contra el escudo de piel y cobre color llama el largo venablo de mango de fresno. Era fácil para la reina adúltera desplegar tapices de Tiro ante su señor, y cuando estaba tendido en su baño de mármol, arrojar sobre él la redecilla de púrpura y ordenar a su amante juvenil que apuñalase, atravesando la malla, aquel corazón que debería haberse partido en Aulide. Para la propia Antígona, a quien esperaba la Muerte para desposarse con ella, era fácil pasar entre el aire corrompido, a mediodía; subir la montaña y cubrir con tierra bienhechora el triste cadáver abandonado a la intemperie. Pero qué debemos pensar de los que escribieron sobre todo esto, dándoles vida, inmortalizándoles? ¿No son más grandes que los hombres y las mujeres a quienes cantaron? "Héctor, tan gentil caballero, ha muerto"; y Luciano nos dice cómo en la oscuridad del otro mundo vio Mempo el cráneo blancuzco de Helena y se asombró de que por tan vil despojo hubiesen muerto todos aquellos apuestos varones, de cotas de malla, y aquellas bellas ciudades quedaran derruidas. Sin embargo, todos los días la hija de Leda, parecida a un cisne, sale a las torres almenadas y contempla abajo la marea de la guerra. Los soldados de barba gris se maravillan de su belleza; ella permanece erguida junto al rey. Su amante está tendido en su estancia de marfil pintado. Bruñe su delicada armadura y peina el penacho escarlata. Su esposo va de tienda en tienda con un escudero y un paje. Puede ella ver su brillante cabellera y oír o creer oír su voz fría y clara. En el patio de honor, abajo, el hijo de Príamo se pone su coraza de bronce; los blancos brazos de Andrómaca rodean su cuello; deja él su casco en el suelo para no asustar a su hijito. Detrás de las cortinas bordadas de su tienda está sentado Aquiles, con vestiduras perfumadas, en tanto que el amigo de su alma, con su armadura de oro y plata, se dispone a partir al combate. De un cofre curiosamente tallado, traído por su madre Tetis a bordo de su navío, el señor de los Mirmidones saca el cáliz místico que no han rozado nunca labios humanos; lo limpia con azufre y agua pura, y, después de lavadas sus manos, llena de vino negro su copa pulimentada y vierte sobre el suelo la sangre espesa de la viña en honor de aquel a quien adoran unos profetas descalzos en Dodona, y le suplica, sabiendo que sus ruegos son inútiles, y que de manos de dos caballeros troyanos, Euforbo, el hijo de Pantea, cuyos bucles están atados con redecilla de oro, y el hijo de Príamo, debe recibir la muerte Patroclo, corazón de león, el camarada de los camaradas. ¿Fantasmas? ¿Héroes de niebla y de ilusión? ¿Sombras en un canto? No, son auténticos seres. ¡La acción! ¿Qué es en realidad la acción? Muere en el preciso instante en que su energía se pone en juego. Es una baja concesión al hecho. El mundo lo hace el poeta para el que sueña.

ERNEST.- Ahora, escuchándole, me parece muy razonable esto que dice...

GILBERT.- Claro que lo es. Sobre la ciudadela de Troya, que se deshace en polvo, reposa el lagarto como un objeto de bronce verdoso. El búho anida en el palacio de Príamo. Por la llanura desierta vagan el pastor y el cabrero con sus rebaños; y sobre el mar oleaginoso, color vino, como le llama Homero, por allí donde vinieron las grandes galeras griegas de proas de cobre y se alinearon en un círculo deslumbrante, el solitario pescador de atún se sienta en su barcaza y vigila los corchos de su red, que se balancean. Sin embargo, todas las mañanas las puertas de la ciudad son abiertas violentamente, y los guerreros a pie o en carros tirados por caballos, van al combate y se mofan de sus cobardes enemigos escondidos tras de sus máscaras de hierro. Durante todo el día el combate prosigue furioso, y cuando llega la noche brillan las antorchas junto a las tiendas y el farol arde en la sala. Los que viven en mármol o en lienzo no conocen de la vida más que un solo instante exquisito, eterno, es cierto, en su esplendor, pero reducido a una sola nota de pasión o a un solo aspecto de calma. Aquellos que el poeta revive sienten toda clase de emociones: alegría, terror, amor y también desesperación, placer y sufrimiento.

Las estaciones van y vienen ante ellos en alegre o triste cortejo, con pies ágiles corno alas o pesados como plomo; los años pasan ante ellos así mismo. Tienen su juventud y su madurez, son niños y se hacen viejos. Siempre es la aurora para Santa Elena, tal como la vio Veronés en su ventana. Los ángeles le traen el símbolo del dolor de Dios en el aire tranquilo de la mañana. La fresca brisa matutina alza los tinos cabellos de oro sobre su frente. En aquella pequeña colina, cerca de Florencia, donde se tienden los enamorados del Giorgione, es siempre el solsticio de mediodía; de mediodía al que han enlanguidecido tanto los soles estivales, que la esbelta muchacha desnuda apenas si puede sumergir en la cisterna de mármol la redonda esfera de vidrio claro, y que los afilados dedos del tocador de laúd reposan perezosamente sobre las cuerdas...

Es siempre el atardecer para las ninfas danzarinas que Corot coloca en libertad entre los álamos plateados de Francia; en un eterno crepúsculo se mueven esas finas y claras figuras, cuyos blancos pies tiemblan y parecen no tocar la hierba mojada de rocío... Sin embargo, aquellos que viven en la epopeya, el drama o la novela, ven en el curso de los meses laborables crecer y menguar las lunas juveniles, y contemplan la noche desde el crepúsculo hasta la estrella matutina, y desde el alba a la puesta del sol, el día cambiante con todo su oro y toda su sombra. Para ellos, como para nosotros, las flores se abren y se marchitan, y la Tierra, esa diosa de verdosas trenzas, como la llama Coleridge, cambia continuamente de vestidos para gustarles. En la estatua se concentra un instante preciso de perfección. La imagen pintada sobre el lienzo carece de algún elemento espiritual de crecimiento o de mutación: si desconocen la muerte es porque saben poco de la vida, porque los secretos de la vida y de la muerte pertenecen únicamente a aquellos a quienes afecta el terrible paso del tiempo y que poseen no sólo el pasado, sino el futuro, y pueden elevarse o caer desde un pasado de gloria o de oprobio. El movimiento, este problema de las artes visibles, tan sólo la literatura es capaz de resolverlo. Sólo ella puede mostrar el cuerpo moviéndose y el alma agitándose.

ERNEST.- Ya; creo comprender ahora sus palabras. Pero entonces es evidente que cuanto más enaltezca usted al artista creador, más menosprecia al crítico.

GILBERT.- No veo por qué.

ERNEST.- Sí, porque todo lo máximo que nos puede dar es el eco de una música rica, el frágil reflejo de una figura de brillantes contornos. Puede ser cierto, como usted ha dicho, que la vida no es más que un caos; que sus mártires son viles y sus sacrificios innobles; quizá la función de la Literatura es crear, utilizando como "basto material" la verdadera existencia, un mundo nuevo, que será más maravilloso, más duradero y más cierto que el mundo real, ese que contemplan los ojos del vulgo y con el cual intentan alcanzar su perfección las naturalezas vulgares. Pero es indudable que ese nuevo mundo creado por el espíritu y la mano de un gran artista será una cosa tan completa y tan perfecta, que el crítico no tendrá nada que hacer en él. Comprendo ahora perfectamente, e incluso admito de buena gana, que es mucho más difícil hablar de una cosa que hacerla. Pero me parece que esta máxima sana y sensata, tan halagadora para nuestros sentimientos y que debiera ser adoptada como emblema por las academias literarias del mundo entero, sólo es aplicable a las relaciones entre el arte y la vida, y no a las de la crítica y el arte.

GILBERT.- ¡Pero si la crítica es un arte igual! Y de la misma manera que la creación artística implica el funcionamiento de la facultad crítica, sin la cual no podría decirse que existe, la crítica es también creadora en el más alto sentido de la palabra. La crítica es creadora e independiente al propio tiempo.

ERNEST.- ¿Qué entiende usted por independiente?

GILBERT.- Pues eso mismo. La crítica no debe ser juzgada bajo un solo modelo de imitación o de semejanza, como tampoco debe serlo la obra de un poeta o de un escultor. La crítica ocupa la misma posición con respecto a la obra de arte que critica, que el artista con respecto al mundo visible de la forma y del color, o al mundo invisible de la pasión y del pensamiento. Ni siquiera precisa de los materiales más bellos para ser perfecta. Cualquier cosa puede serle útil para ello. Y de la misma manera que Gustave Flaubert pudo crear una obra maestra, de estilo clásico, con los amores más primitivos y sentimentales de la bobalicona esposa de un farmacéutico del sucio villorrio de Yonville-l'Abbaye, cerca de Ruán, con asuntos de poca o de nula importancia, como los cuadros de la Royal Academy actuales o antiguos, los poemas de mister Lewis Morris, las novelas de George Ohnet o los dramas de mister Arthur Jones, el verdadero crítico puede, si se empeña, dirigir o malgastar así su facultad contemplativa, producir una obra perfecta desde el punto de vista de la belleza y del instinto y llena de una sutil inteligencia. ¿Por qué no podría ser? La tontería es siempre una tentación irresistible para el esplendor, y la estupidez es la Bestia Triomphans, que tienta a la sabiduría a salir de su cueva. Para un artista tan creador como el crítico, ¿qué importa el tema? Pues ni más ni menos que para un novelista o un pintor. Al igual que ellos, cualquier motivo es bueno. La dificultad estriba en la manera de tratarlos. Todo posee en sí sugestión y atractivo.

ERNEST.- Pero ¿está convencido de que la crítica es un arte realmente creadora?

GILBERT.- Deme usted una razón por la que deba pensar que no es así. Trabaja con una materia prima y le da una nueva y deliciosa forma. ¿Qué otra cosa puede decirse de la poesía? Yo definiría realmente la crítica diciendo que se trata de una creación dentro de otra creación. Porque, así como los grandes artistas, desde Homero y Esquilo a Shakespeare y Keats, no tomaron sus temas directamente de la vida, sino que los buscaron en la mitología, la leyenda y los antiguos cuentos, el crítico parte de materiales que otros han purificado, por decirlo así, para él, y que poseen ya además la forma imaginativa y el color. Más aún: la crítica suprema, por ser la forma más pura de impresión personal, a mi juicio, en su género, es, a su manera, más creadora que la creación porque tiene menos relación con un modelo cualquiera exterior a ella misma y es, en realidad, su propia razón de existencia, y, como afirmaban los griegos, un fin por y para ella misma. En realidad, jamás se encuentra aprisionada por las cadenas de la verosimilitud. Esas viles consideraciones de probabilidad, esa cobarde concesión a los fastidiosos ensayos de la vida doméstica o pública, no la afectan nunca. Pueden afectar a la ficción e incluso a la historia, pero no a algo tan elevado como es el alma, totalmente invulnerable.

ERNEST.- ¿Ha dicho el alma?

GILBERT.- Sí. Porque la crítica elevada es, en realidad, el relato de un alma. Es más fascinante que la Historia, porque tan sólo trata de ella misma. Es más tractiva que la Filosofía, porque su tema es concreto y no abstracto, real y no vago. Es la única forma civilizada de autobiografía, porque se ocupa no de los acontecimientos, sino de los pensamientos de la vida de un ser; no de las contingencias de la vida física, sino de las pasiones imaginativas y de los estados superiores de la inteligencia. Me parece siempre divertida la necia vanidad de esos escritores y artistas que corren en nuestros días, que se imaginan que la función primordial del crítico es la de parlotear sobre sus obras, que son sumamente mediocres. Lo mejor que puede decirse del arte creador moderno en general es que es un poco menos vulgar que la realidad, y así el crítico, con su sentido sutil de distinción y su delicada elegancia, preferirá mirar en el espejo de plata, o a través del velo tejido, y apartará sus ojos del caos tumultuoso de la existencia real, aunque el espejo está empañado y el velo roto. Su verdadera finalidad es la de escribir sus propias impresiones. Para él se pintan los cuadros, se escriben los libros, se esculpen los mármoles y se forja el hierro.

ERNEST.- Tengo la impresión de haber oído antes otra teoría de la crítica.

GILBERT.- Sí; de alguien cuya graciosa memoria reverenciamos todos y cuya flauta pastoril encantó con su melodía a Proserpina, la hizo abandonar sus campiñas sicilianas y agitar, no en vano, con sus blancos pies, las primaveras de Cumnor, ha dicho que la finalidad de la crítica consiste en ver el "objeto" como es en realidad. Pero este es un error gravísimo. La crítica, en su forma elevada, es esencialmente subjetiva e intenta revelar su propio secreto y no el secreto ajeno. Porque la crítica suprema se ocupa del arte no como expresión, sino como emoción pura.

ERNEST.- Y cree que es así en realidad?

GILBERT.- Claro que sí. ¿A quién le preocupa saber si las opiniones de Ruskin sobre Turner son justas o no? ¿Qué más da? Esa prosa recia y majestuosa, tan apasionada y ardiente, tan noble, tan elocuente, tan rica en su sabia armonía, tan segura y tan infalible en sus mejores momentos, en la elección sutil de la palabra y del epíteto, es una obra de arte tan grande, por lo menos, como esas maravillosas puestas de sol que palidecen o se convierten en polvo sobre sus lienzos podridos de la Mational Gallery; más grande acaso pudiera decirse, no sólo porque su belleza equivalente es más duradera, sino a causa de la mayor variedad de sus evocaciones; un alma habla al alma en esas líneas de larga cadencia, no sólo a través de la forma y el color, que tan plenamente poseen, sino con una elocuencia intelectual y emocionante, con una elevada pasión y un pensamiento más elevado aún, con una agudeza imaginativa y persiguiendo un fin poético. Es más grande, creo yo, de igual modo que la literatura es más grande que cualquier otro arte. ¿A quién le preocupa que mister Pater haya incluido en el retrato de Monna Lisa elementos que no había soñado Leonardo?

Puede que el pintor no haya sido más que el esclavo de una sonrisa arcaica, como algunos han creído; pero cada vez que paso por las frescas galerías de Louvre y me detengo frente a esta figura extraña "sentada en su asiento de mármol, en medio de aquel círculo de rocas fantásticas, como bañada por una turbia claridad submarina", me digo en voz baja: "Es más remota que las rocas que la circundan; como el vampiro, que por haber muerto varias veces, conoce los secretos del más allá, se ha sumergido en aguas profundas y conserva a su alrededor la luz indecisa de esos parajes; ha vendido extraños tejidos con mercaderes orientales; fue, corno Leda, madre de Helena de Troya, y como Santa Ana, madre de María; y todo eso le importó tan poco como la melodía de las liras y de la flauta; y sobrevive tan sólo en la delicadeza de los rasgos cambiantes y en cierto tono de los párpados y de las manos." Y yo digo a mis amigos: "El ser que de forma tan extraña surgió de las aguas reproduce el deseo del hombre durante miles de años", y ellos me responden: " En esa cabeza se hallan concentrados todos los fines del Universo, y por eso sus párpados aparecen como exhaustos." De esta manera, la pintura llega a ser, bajo nuestra mirada, más bella de lo que es en realidad y nos revela un secreto que ella misma desconoce, y la música de la prosa mística es tan dulce para nuestros oídos como la del flautista que prestó a los labios de la Gioconda esas curvas sutiles y envenenadas. ¿Le gustaría usted saber lo que respondería Leonardo si alguien hubiera dicho de su cuadro que "todos los pensamientos y toda la experiencia del Universo habían grabado y modelado allí, con toda su fuerza, para afinar y hacer expresiva la forma exterior, la animalidad griega, la lujuria romana, el ensueño de la Edad Media con su ambiente espiritualista y sus amores imaginativos, el retorno del mundo pagano, los pecados de los Borgias"? Habría contestado, probablemente: "No he tenido semejantes intenciones. Sólo me han preocupado ciertas combinaciones de líneas y de masas, y también nuevas y artísticas armonías en verde azul." Por eso mismo la crítica que he citado es la más elevada; ve a la obra de arte como punto de partida para una nueva creación. No se limita (supongámoslo al menos por el momento) a descubrir la intención real del artista y a aceptarla como definitiva. Y la razón está de su parte en este caso, porque el sentido de toda bella cosa creada está tanto, cuando menos, en el alma de quien la contempla como en el alma que la creó. E incluso es más bien el espectador quien presta a la cosa bella sus innumerables significados y nos la hace maravillosa, poniéndola en nuevas relaciones con la época, hasta el punto de que llega a ser una parte esencial de nuestras vidas y un símbolo de lo que deseamos con insistencia o quizá de lo que después de haber deseado tememos lograr. Cuanto más estudio, amigo Ernest, más claro veo que la belleza de las artes visibles, como la belleza de la música no es más que una impresión, y que el exceso de intención intelectual por parte del artista puede devaluarla y en muchos casos, incluso puede destruirla. Porque, una vez terminada la obra, ésta adquiere vida propia, y puede expresar una cosa muy distinta de la que debía significar en un principio. Con frecuencia, escuchando la obertura de Tannhauser, me parece que veo realmente al bello caballero en su marcha ligera sobre la hierba florida y que oigo la voz de Venus llamándolo desde el fondo de su gruta. Pero otras veces me habla de mil cosas diferentes, de mí mismo quizá y de mi propia vida, o de la vida de personas que uno amó y que se cansó de amar, o de pasiones que el hombre ha conocido y que ignora y por eso busca. Esta noche puede llenarnos de ese Amour de l`imposible que sobrecoge como una locura a tantos seres que creen vivir tranquilos y al abrigo del mal y que de repente se encuentran intoxicados por el veneno del deseo ilimitado y que en esa persecución infinita de lo inaprehensible desfallecen, tropiezan y se desploman. Mañana, como la música de que nos hablan Aristóteles y Platón, la noble música doria de los griegos puede ejercer una función curativa y "poner el alma en armonía con todo lo justo". Y lo que es cierto en la música, es igualmente válido para todas las artes. La Belleza posee tantos significados como estados de ánimo tiene el hombre. La Belleza es el símbolo de los símbolos. La Belleza lo revela todo, porque no expresa nada. Cuando aparece ante nosotros, nos muestra con ardientes colores todo el Universo.

ERNEST.- Pero ¿una obra como ésta es crítica realmente?

GILBERT.- Es de una crítica elevadísima porque se ocupa no sólo de la obra de arte individual, sino de la Belleza misma, y colma de maravilla una forma que el artista puede haber dejado vacía o incomprendida, o sólo entendida en parte.

ERNEST.- Entonces, ¿insistes en que la crítica elevada es más creadora que la creación misma, y el fin principal del crítico es contemplar el objeto tal como "no es" en realidad? Es esta tu teoría, ¿o me equivoco?

GILBERT.- No te equivocas. El crítico simplemente usa la obra de arte para sugerirle otra obra nueva o personal, que no tiene por qué guardar una idéntica semejanza con la que critica. La única característica de una cosa bella es que se puede poner en ella todo cuanto uno quiera; y la Belleza, que da a la creación su elemento universal y estético, hace del crítico, a su vez, un creador y murmura mil cosas diferentes que no estaban en el espíritu del que modeló la estatua, pintó el lienzo o grabó la piedra preciosa. Los que no comprenden ni la naturaleza de la crítica superior ni el encanto del arte elevado, dicen a veces que los cuadros sobre los que el crítico gusta de escribir pertenecen a la esfera anecdótica de la pintura, o representan escenas tomadas de la Literatura o de la Historia. Y esto es inexacto. Las pinturas de ese género son, en realidad, demasiado transparentes a la comprensión humana. Pertenecen a la ilustración, e incluso desde este punto de vista son imperfectas, porque en lugar de espolear la imaginación la aprisionan dentro de límites claustrofábicos. Porque el dominio del pintor, como ya he indicado, difiere mucho del dominio del poeta. A este último le pertenece la vida en su absoluta totalidad: no sólo la belleza que ven los hombres, sino la que oyen; no sólo la gracia momentánea de la forma o la fugaz alegría del color, sino toda la esfera de la sensación, el ciclo completo del pensamiento. El pintor está encerrado dentro de tales límites que no puede mostrarnos el misterio del alma más que a través de la cárcel del cuerpo; ni puede manejar ideas más que a través de imágenes vulgares, ni tratar la psicología sino mediante sus físicos parecidos. Y, además, ¡con qué falta de mesura nos pide que aceptemos el turbante desgarrado del Moro por la noble cólera de Orelo, o a un viejo decrépito bajo una tormenta por la locura salvaje del rey Lear! Parece, sin embargo, que nada puede detenerlo. Muchos de nuestros pintores ingleses, ya veteranos, malgastan su maquiavélica existencia en cazar furtivamente en el coto de los poetas y echan a perder sus motivos tratándolos con torpeza, intentando realizar por medio de la forma visible o el color la maravilla de lo que es invisible, el esplendor de lo que no se ve. Y, como es natural, sus cuadros son insoportables. Han rebajado las artes visibles a la categoría de artes fáciles de comprender, y las cosas fáciles de comprender son las únicas que no valen la pena de contemplarse. No digo que el poeta y el pintor no puedan tratar un mismo asunto. Lo han hecho y lo harán siempre. Pero, en tanto que el poeta puede ser, a su elección, pictórico o no, el pintor debe serlo siempre. Porque un pintor está limitado, no por lo que contempla en la Naturaleza, sino por lo que puede reflejar en su lienzo. Por eso, mi querido Ernest, cuadros de ese género no fascinarán nunca al verdadero crítico. Se apartará de ellos para ir a esos otros que lo hacen meditar, soñar, imaginar, a las obras que poseen la sutil cualidad, la sugestión, y que incluso parecen contener en ellas una evasión hacia un mundo más amplio. Dícese a veces que la tragedia de la vida de un artista es que no pueda realizar su ideal. Pero la verdadera tragedia que acecha a tantos artistas es que realizan demasiado íntegramente su ideal. Porque el ideal así realizado pierde su belleza, su misterio y no constituye más que un nuevo punto de partida hacia un ideal distinto. Por eso la música es el tipo perfecto del arte. La música no puede decir nunca su último secreto. Y esta es igualmente la explicación del valor de los límites en arte. El escultor huye del color imitativo y el pintor de las dimensiones reales de la forma, porque tales sacrificios evitan una representación demasiado precisa de lo real, que sería una simple imitación o una realización demasiado definida del ideal, que sería demasiado puramente intelectual. Gracias a su estado incompleto, el arte se hace completo en belleza; no se dirige ni a la facultad de reconocer ni a la razón, sino sólo al sentido estético, que, aceptando a la una y a la otra como etapas de comprensión, las subordina a una pura impresión sintética de la obra de arte en su conjunto, y tomando todos los elementos extraños de emoción, que la obra de arte puede poseer, utiliza su complejidad como medio de añadir una armonía más rica a la última impresión. Ya ve usted, pues, cómo el crítico esteta rechaza esos modos de arte evidente que no tienen más que una cosa que decir y que habiéndole dicho, se quedan mudos y estériles; prefiere aquellos que le son sugeridos por el ensueño o por un determinado estado de ánimo; su belleza imaginativa permite que todas las interpretaciones sean ciertas y que ninguna sea definitiva. Indudablemente, la obra creadora del crítico se parecerá a la obra que le haya incitado a crear; pero esta semejanza será como la que existe, no entre la Naturaleza y el espejo que el paisajista le ofrece obligadamente, sino entre la Naturaleza y la obra del artista decorador. De igual modo que en los tapices sin flores de Persia, el tulipán y el rosal florecen, sin embargo, para placer de los ojos y resultan encantadores, aunque no estén reproducidos en formas y líneas visibles, aunque la perla y la púrpura de las caracoles marinas se repitan en la iglesia veneciana de San Marcos; así como la bóveda de la impresionante capilla de Rávena resplandece con el oro, el verde y los zafiros de la cola del pavo real, a pesar de que los pájaros de Juno no se posen allí, de igual modo el crítico reproduce la obra sobre la cual escribe de una manera que no es nunca imitativa y cuyo encanto consiste, en parte, en esa repulsa de su semejanza; nos muestra así, no sólo el sentido, sino también el misterio de la Belleza, y transformando cada arte en literatura, resuelve de una vez para siempre el problema de la unidad del arte. Pero veo que es hora de cenar. Después de que discutamos sobre el chambertín y los hortelanos, pasaremos a la cuestión del crítico visto como un intérprete.

ERNEST.- ¡Ah! ¿Entonces está admitiendo que en ocasiones puede permitirse a los críticos que vean las cosas tal y como son en la realidad?

GILBERT.- No lo sé ciertamente. Quizá lo admita con el estómago algo más lleno. Durante la cena uno es más fácilmente influenciable.

Segunda parte

Con algunas observaciones sobre la importancia de que todo merece ser discutido.

Los mismos personajes y escena.

ERNEST.- Los hortelanos me parecen deliciosos y el chambertín, perfecto. Pero ahora vayamos de nuevo a nuestro discutido tema. ¿En qué punto nos detuvimos?

GILBERT.- ¡Ah! ¿De veras le apetece? La conversación debe abarcar todos los puntos y no concentrarse en algo tan concreto. Hablemos de *La indignación moral*, sus causas y su tratamiento, tema sobre el cual pienso escribir. O de *La supervivencia de Tersites*, tal como nos la revelan los diarios cómicos ingleses, o podemos conversar sobre muchos otros temas.

ERNEST.- De ninguna manera; deseo discutir sobre el crítico y la crítica. Según usted, la crítica elevada trata al Arte como un medio de impresión, y no de expresión, y que por consiguiente, resulta creadora e independiente a la vez; es, en suma, un arte por sí misma, un arte que tiene la misma relación con la obra creadora que ésta con el mundo visible de la forma y del color o con el mundo invisible del pensamiento y de la pasión. Entonces, respóndame: ¿en ocasiones, no será el crítico un intérprete de verdad?

GILBERT.- Desde luego; puede serlo cuando le plazca. Puede pasar de su impresión sintética y de conjunto de una obra en particular a un análisis o una exposición de la obra misma, y en esta esfera inferior, como ya he demostrado, hay muchas cosas deliciosas que decir y que hacer. Su finalidad, sin embargo, no será siempre la de explicar la obra de arte. Intentará más bien concentrar su misterio, levantar alrededor de ella y de su autor esa niebla prodigiosa, dilecta de los dioses y de sus adoradores también. Las gentes vulgares se sienten "increíblemente cómodas en Sión". Pretenden pasearse del brazo de los poetas y tienen un modo dulzón y necio de decir: "¿De qué sirve conocer lo que se ha escrito sobre Shakespeare y Milton? Leamos sus obras y sus poemas y será suficiente." Pero apreciar a Milton, como observaba el último rector de Lincoln, es la recompensa de una profunda erudición. I' quien desee comprender realmente a Shakespeare, debe comprender primero las relaciones que tuvo él con el Renacimiento y la Reforma, con el siglo de Isabel y con el de Jacobo; debe serle familiar la historia de la lucha entre las viejas formas clásicas y el nuevo espíritu romántico, entre la escuela de Sidney ", de Daniel de Johnson y las de Marlowe y del hijo de éste, más grande que el propio Shakespeare; debe conocer los materiales de que disponía Shakespeare y su manera de utilizarlos, las condiciones de las representaciones teatrales en los siglos XVI y XVII, las ventajas o los obstáculos que aquéllas ofrecían en cuanto a libertad; la crítica literaria del tiempo de Shakespeare, sus fines, sus maneras y sus reglas; debe estudiar la lengua inglesa en su progreso y el verso libre y rimado en sus diversas evoluciones; tiene que estudiar el drama griego y la relación que guardan el arte del creador de

Agamenón y el del creador de Macbeth; en resumidas cuentas: deberá ser capaz de relacionar el Londres isabelino con la Atenas de Pericles y deducir el lugar que ocupó en realidad Shakespeare en la historia del drama a escala europea y también universal. El crítico será realmente un intérprete, pero no tratará el arte corno una esfinge, expresándose a través de enigmas, y cuyo fútil secreto puede adivinar y revelar un hombre con los pies heridos y que desconoce hasta su nombre; le considerará más bien como una divinidad, y su misión será la de hacer más profundo su misterio y más maravillosa su majestad. Y entonces, querido amigo, sucede esto tan extraño: el crítico será realmente un intérprete, pero no en el sentido de repetir bajo otra forma un mensaje confiado a sus labios; porque así como el arte de un país adquiere, solamente por contacto con el arte de países extranjeros, esa vida propia e independiente que llamamos nacionalidad, de igual manera, por una curiosa inversión, sólo intensificando su propia personalidad, el crítico puede interpretar la personalidad artística de los demás, y cuanto más entra la suya en la interpretación, más verosímil, satisfactoria, convincente y auténtica resulta dicha interpretación.

ERNEST.- Pues yo pensaba que su personalidad suponía un filtro perturbador de su creación.

GILBERT.- En absoluto; es, al contrario, un elemento revelador. Si uno tiene la intención de comprender a los demás, debe antes intensificar su propia personalidad.

ERNEST.- ¿Y cuáles son los resultados?

GILBERT.- Eso se lo demostraré mediante ejemplos concretos. A mí me parece que en primer lugar, el crítico literario figura, como quien posee el horizonte más amplio, la visión más abierta y los materiales más nobles posibles; pero cada arte tiene su crítico, que, por decirlo de algún modo, tiene asignado. El actor es el crítico del drama. Muestra la obra del poeta de una forma nueva y conforme a un método especial. Se adueña de la palabra escrita y su modo de representar; su gesto y su voz se convierten en medios de revelación. El cantante o el tocador de laúd y de viola es el crítico de la música. El grabador de un cuadro despoja a la pintura de su brillante colorido, pero nos muestra, con el empleo de una nueva materia, las auténticas calidades de sus tonalidades, sus matices y sus valores, las relaciones de sus masas, y llega a ser así, a su manera, un crítico, porque el crítico es el que nos muestra una obra de arte bajo una forma distinta de la de la obra misma, y el empleo de nuevos materiales constituye un elemento tanto de crítica como de creación. La escultura también tiene un crítico adjudicado, que puede ser o un cincelador de piedras finas, como en tiempos de los griegos, o algún pintor que, como Mantegna, quiso reproducir sobre el lienzo la belleza de la línea plástica y la sinfónico majestad de su cortejo en bajorrelieve. Y en el caso de todos esos críticos de arte creadores, la personalidad es absolutamente esencial a toda interpretación exacta. Pocas cosas hay más claras. Cuando Rubinstein ejecuta la Sonata apassionata, de Beethoven, nos da no sólo a Beethoven, sino también a él mismo, y así nos da a Beethoven de un modo completo, reinterpretado por una rica naturaleza artística, vivificado y espléndido, gracias a una nueva e intensa personalidad. Cuando un gran actor representa obras de Shakespeare, pasamos por idéntica experiencia. Su individualidad se convierte en una parte esencial de la interpretación. Se dice a veces que los actores nos presentan unos Hamlets suyos y no de Shakespeare, y este error (porque lo es) ha sido repetido, siento decirlo, por ese encantador y gracioso escritor que ha abandonado recientemente el tumulto de la literatura por la calma de la Cámara de los Comunes; me refiero al autor de Obiter Dicta. En realidad, el Hamlet de Shakespeare no existe. Si Hamlet posee un carácter, propio de una obra de arte, posee a la vez toda la oscuridad propia de la vida. Hay tantos Hamlets como melancolías, en este mundo.

ERNEST.- ¿Hamlets y melancolías existen en igual número?

GILBERT.- Sí. Y de la misma manera que el arte nace de la personalidad, a ella sólo puede ser revelado, y de este encuentro nace la verdadera crítica interpretativa.

ERNEST.- Así que el crítico, visto como intérprete, ¿da y presta proporcionalmente a lo que recibe y pide?

GILBERT.- Sabrá adaptar la obra de arte que interpreta a cada época, nos recordará constantemente que las obras de arte maestras son entes con vida, e incluso los únicos entes vivos de verdad. Lo sentirá tan intensamente, que, sin duda, a medida que progrese la civilización y que estemos organizados más elevadamente, lo más escogido de cada época, los espíritus críticos y cautos se interesarán cada vez menos por la vida real e intentarán obtener impresiones de aquello que haya sido tocado por el Arte anteriormente. Porque la vida es terriblemente defectuosa desde el punto de vista de la forma; sus catástrofes hieren injustamente y sin motivos. Hay un error grotesco en sus comedias, y sus tragedias tienden a la farsa. Uno resulta herido al acercárselo. Todo dura: para siempre, demasiado tiempo, o no lo suficiente.

ERNEST.- ¡Mísera vida! ¡Mísera vida humana! Entonces, ¿no se siente usted conmovido por esas lágrimas que, según el poeta romano, forman parte de la esencia misma?

GILBERT.- Lo que realmente temo es que me conmuevan demasiado. Porque cuando se contempla retrospectivamente una vida que fue en su momento muy intensa, llena de frescas emociones, que conoció tales goces y tales éxitos, todo eso parece no ser más que un sueño, un espejismo. ¿Cuáles son las cosas irreales, sino las pasiones que nos abrasaron en otro tiempo como fuego? ¿Qué son las cosas increíbles sino aquellas en las que creímos fervientemente? ¿Qué son las cosas inverosímiles sino aquellas que hicimos? No, querido amigo; la vida nos engaña con sombras como un manipulador de marionetas. Le pedimos placer. Y ella nos lo da, añadiéndole, a guisa de cortejo, la amargura y el desengaño. Sentimos alguna noble pena que creemos va a prestar a nuestros días la purpúrea solemnidad de la tragedia; pero se aleja de nosotros y la sustituyen cosas menos nobles y nos encontramos en alguna gris y vacía aurora o en una velada silenciosa, contemplando con un asombro insensible, con un triste corazón de piedra, ¡aquella trenza dorada que con tanto frenesí besamos en el pasado!

ERNEST.- Entonces, ¿estás diciendo que la vida es una estafa?

GILBERT.- Artísticamente, totalmente. Y la razón principal de esto es la que da a la vida su sórdida seguridad: el hecho de que no pueda experimentarse nunca por dos veces la misma emoción. ¡Qué diferente el mundo del arte! Detrás de usted, querido amigo, en un estante de esa librería, puede ver La Divina Comedia. Sé que si abro ese volumen por cierto lugar odiaré ferozmente a alguien que no me ha ofendido jamás, o amaré con adoración a alguien a quien no veré nunca. No existe ningún estado de ánimo, ninguna pasión que el Arte no pueda expresarnos, y aquellos de nosotros que han descubierto su secreto pueden hacer constar por anticipado los resultados de sus experiencias. Podemos elegir nuestro día y señalar nuestra hora. Podemos decirnos: "Mañana, al rayar el alba, nos pasearemos con el grave Virgilio por el sombrío valle de la muerte." Y, en efecto, el amanecer nos sorprende en el bosque oscuro, junto al poeta de Mantua. Franqueada la puerta de la leyenda, fatal a la esperanza, contemplamos con alegría o tristeza el horror de otro mundo. Los hipócritas pasan con caras pintadas y cogullas de plomo dorado. Por entre los vientos que sin cesar los arrastran, los lascivos nos miran, y vemos a los herejes desgarrando carnes y al glotón castigado por su propia gula. Rompemos ramas secas del árbol que hay en el bosquecillo de las arpías, y cada rama, venenosa y de tono lívido, mana ante nuestros ojos una sangre roja mientras lanza estridentes chillidos. Ulises nos habla por un cuerno de fuego, y en el momento en que el gran Gibelino se incorpora en su ataúd de llamas, el orgullo que triunfa de la tortura de ese lecho se hace nuestro por un instante. Por el aire agitado y rojo vuelan los que mancharon el mundo con la belleza de sus pecados, y enfermo, ignominioso, hidrópico, con el cuerpo hinchado, semejante a un monstruoso laúd, yace, Adán de Brescia, el falsario, suplicándonos que escuchemos sus lamentos. Paramos, y con sus labios secos y entreabiertos nos cuenta cómo sueña, día y noche, con arroyos de agua clara que corren por las verdes colinas de Casente. Sinón, el griego mentiroso de Troya, sigue burlándose de él. Le pega en la cara y discuten. Fascinados ante su oprobio, paramos al lado, hasta que Virgilio nos reprende y nos aparta de la escena, llevándonos a la ciudad de unos gigantes guarnecidos de torres, donde el gran Nemrod sopla en su cuerno. Nos esperan aventuras terribles y nos dirigimos hacia ellas bajo la túnica de Dante y con su propio corazón. Después de cruzar los pantanos del Estigia, Argenti nada hasta la barca por entre olas fangosas. Nos llama y no le escuchamos. Sentimos alegría al verle tan agónico, y Virgilio nos alaba por nuestro amargo desdén. Pisamos el helado cristal del Cocito, donde se encuentran sumergidos los traidores, formando pajas del mismo cristal. Nuestro pie tropieza con la cabeza de Bocco. No nos dice su nombre y arrancamos puñados de pelos de su cabeza, que sigue aullando. Alberico nos pide de rodillas que rompamos el hielo que cubre su cara, a fin de que pueda llorar un poco, y así desahogarse. Nosotros se lo prometemos; y cuando ha terminado su doloroso relato, faltamos a nuestra palabra y lo abandonamos; tal crueldad es cortés, porque ¡no hay nadie más vil que el que siente misericordia por un condenado de Dios! En las mandíbulas de Lucifer vemos al hombre que vendió a Cristo, y en ellas también a los hombres que asesinaron a César. Y salimos temblando, para contemplar de nuevo las estrellas. En el Purgatorio el aire es más libre, y la sagrada montaña se levanta en la pura luz del día. Allí está la paz para nosotros, y para aquellos que moraron una temporada hay también allí paz, aunque pasen ante nosotros Madonna Pía, pálida por el veneno de las Maremmas, e Ismena, envuelta aún por la tristeza de la tierra. Una tras otra, las sombras nos hacen compartir su arrepentimiento o su alegría. Aquel a quien el duelo de su vida enseñó a beber el dulce ajenjo del dolor, nos habla de Nella, rezando en su lecho solitario, y de labios de Buonconte escuchamos cómo una sola lágrima puede salvar del demonio a un pecador moribundo. Sordello, aquel noble y desdeñoso lombardo, nos mira desde lejos semejante a un león echado. Al saber que Virgilio es uno de los ciudadanos de Mantua, se arroja a su cuello, y cuando reconoce en él al cantor de Rotna cae ante sus pies. En aquel valle, cuya hierba y cuyas flores son más bellas que la esmeralda hendida y la madera de Oriente, y más brillantes que la grana y la plata, cantan aquellos que fueron reyes en el mundo; pero los labios de Rodolfo de Habsburgo no se conmueven al escuchar la melodía de los otros, mientras Felipe de Francia se golpea el pecho, y Enrique de Inglaterra, sentado, se encuentra solo. Seguimos subiendo aquella infinita escalera maravillosa y las estrellas se agrandan, el canto de los reyes languidece y llegamos por fin a los siete árboles dorados y al jardín del Paraíso terrenal. En un carro arrastrado por un grifo, aparece alguien con la frente coronada de laurel, alguien velado de blanco, atablado con un manto de color verde y un vestido rojo intenso. La antigua llama se despierta en nosotros. Nuestra sangre corre a gran velocidad por pulsaciones terribles. La reconocemos. Se trata de Beatriz, la mujer adorada. El hielo que envolvía nuestro corazón se quiebra. Derramamos lágrimas de angustia y caemos con la frente sobre la tierra, porque sabemos que hemos pecado. Una vez purificados, después de haber hecho penitencia, beber en la fuente del Leteo, y bañarnos en la de Eunoe, la dueña y señora de nuestra alma nos eleva hacia el Paraíso Celestial. Desde esa eterna perla, que no es otra que la luna, el rostro de Piccarda Donati se vuelve hacia nosotros. Su belleza nos turba un instante, y cuando, como una cosa que cae a través del agua, desaparece ella, seguimos mirando y rastreamos su paso con ardiente mirada. El dulce planeta Venus está repleto de amantes. Cunizza, la hermana de Ezzelin la dueña del corazón de Sordello, está allí, y Folco, el cantor apasionado de la Provenza, a quien su dolor por la bella Azalais impulsó a abandonar el mundo, y la cortesana cananea, cuya alma fue la primera rescatada por Cristo. Joaquín de Flore habita en el Sol, y también en el Sol, Tomás de Aquino narra la historia de San Francisco, y Buenaventura, la historia de Santo Domingo. A través de los rubíes llameantes de Marte se acerca a Cacciaguida. Cuenta la historia de la flecha que dispara el arco del desterrado, el sabor salado que tiene el pan ajeno y lo costosas que son de subir las escaleras de una casa que no es la propia. En Saturno, las almas no cantan, y ni siquiera la que nos hace guía osa sonreír. En una escala dorada, las llamas se levantan y caen. Y, finalmente, contemplamos la gloria de la Rosa Mística. Beatriz fija sus ojos en la faz de Dios para no apartarlos de ella nunca más. Nos conceden la visión bienaventurada; conocemos ese Amor que mueve al sol y al resto de estrellas. Sí; podemos retrasar la Tierra unas seiscientas vueltas y formar un todo con el gran florentino, quedarnos de rodillas en el mismo altar, compartiendo su éxtasis y también su desprecio. Y sí, cansados de la antigüedad, sentimos el deseo de comprender nuestra época en toda su laxitud y en todo su pecado, ¿no hay libros capaces de hacernos vivir en una hora más que la vida en veinte años de penas y miserias? Al alcance de la mano tiene usted un pequeño volumen encuadernado en piel verde Nilo, sembrado de nenúfares dorados y curtido en duro marfil. Era el libro predilecto de Gautier, la obra maestra de Baudelaire. Ábralo usted en ese Madrigal triste, que así dice:

¿Qué me importa que seas discreta? Sé bella y sé triste... y usted se sentirá adorador de la tristeza como no lo fue nun¬ca de la alegría. Continúe en el poema del hombre que se tortura a sí mismo, deje que su música sutil se deslice en su ce¬rebro, coloreando sus pensamientos, y será usted por un momento semejante al autor de esos versos, no sólo por un mo¬mento, sino durante muchas noches en claro, a la luz de la luna, y durante días y días estériles y sin sol, una desesperación que no es la suya vivirá en usted y la miseria de otro le roerá el corazón. Lea todo el libro, deje que revele a su alma uno solo de sus secretos, y su alma sentirá ansias de saber más y se ali¬mentará de miel envenenada y querrá arrepentirse de extraños crímenes que no cometió y expiar terribles placeres que no ha conocido jamás. Y luego, cuando esté usted hastiado de esas flores del mal, vuélvase hacia las flores que crecen en el jardín de Perdita y mójese la frente calenturienta en sus cálices hú¬medos de rocío, y que su gracia adorable cure y reanime su alma. O despierte de su tumba olvidada a Meleagro, el dulce sitio, y pida al amante de Heliodora que ejecute alguna mú¬sica, porque él posee también flores en su canto, rojos capullos de granadas, lirios con aroma a mirra, narcisos, jacintos azul oscuro y mejoranas y sinuosos ojos de buey. Le era grato ese olor que al anochecer baja de los campos de habas y también el oloroso nardo sirio y el fresco y verde tomillo y las encan¬tadoras campanillas. Los pies de su amada, al pasear por el jardín, eran como lirios sobre lirios; sus labios eran más suaves que los pétalos de las adormideras soporíferas, más suaves que las violetas e igual de perfumados. El azafrán color de llama subía por la hierba para mirarla. Para ella, el frágil narciso re¬cogía la fresca lluvia, y por ella las anémonas se olvidaban de los vientos de Sicilia que las acariciaban. Y ni el narciso, ni la anémona, ni el azafrán la igualaban en belleza. Cosa extraña este traspaso de emociones. Nosotros sufrimos con la misma intensidad que el poeta y el cantor nos transmite su dolor. Labios muertos nos envían su mensaje y corazones deshechos en polvo pueden contagiarnos su goce. Corremos a besar la boca sangrienta de Fantina y seguimos a Manon Lescaut por todo el Universo. Por fin es nuestra la locura amorosa del Ti¬río y el terror de Orestes. No hay pasión que no podamos sentir ni placeres que no podamos gozar y podemos escoger el momento de nuestra iniciación y también el de nuestra li¬bertad. ¡La Vida! ¡La Vida! No recurramos a la vida para triunfar. Viene limitada por las circunstancias, no es lógica en su expresión y carece de esa delicada armonía entre la forma y el espíritu, que tan sólo puede satisfacer a un temperamento creativo y crítico. Hace que paguemos sus mercancías muy caras y compramos el más ínfimo de sus secretos a un precio astronómico y totalmente irrazonable.

ERNEST.- Entonces, ¿tenemos que recurrir al arte para cual¬quier cosa?

GILBERT.- En todo momento y para todo, porque el Arte jamás nos liará daño. Las lágrimas que vertemos en el teatro re¬presentan, típicamente, las emociones exquisitas y estériles que el arte tiene por misión despertar. Lloramos, pero no nos sentimos heridos. Nos afligimos, pero no es amarga nues¬tra pena. En la vida real del hombre, el dolor, como dice Spinoza en algún sitio, es un paso hacia una perfección menor. Pero el dolor que nos produce el arte nos purifica y nos incita, si me está permitido citar una vez más al gran crítico de arte de los griegos. Por medio del arte y sólo por él podemos lograr nuestra perfección; el arte y solamente el arte nos preserva de los peligros sórdidos de la existencia real. Y esto se debe no sólo a que nada de lo que puede imaginarse es digno de ser realizado (y todo es imaginable), sino también a esa sutil ley que limita las fuerzas emotivas y las fuerzas físicas en extensión y en energía. Podemos sentir hasta cier¬to grado y nada más. ¿Y qué nos importan en el fondo los placeres con que la vida nos tienta o los dolores con que in¬tenta aniquilar nuestra alma, si el verdadero secreto de la alegría se halla en contemplar las vidas de aquellos que jamás existieron, y que si llora es por la muerte de seres que, como Cordelia y la hija de Brabancio, viven eternamente?

ERNEST.- Espera. Creo que todo lo que usted acaba de decir, querido Gilbert, es inmoral.

GILBERT.- El arte siempre es inmoral.

ERNEST.- ¿Siempre?

GILBERT.- Sí. Porque la emoción por la emoción es la verda¬dera finalidad del arte, y la emoción por la acción es la fi¬nalidad de la vida, y de esta organización tan sumamente práctica de la vida que llamamos sociedad. La sociedad, que es principio y base de la moral, existe simplemente para concentrar la energía humana. Y, al fin de asegurar su propia continuación y una estabilidad, exige de cada uno de noso¬tros, con indudable justicia, que contribuya con alguna labor productiva al bien público y que trabaje de forma forzada para que se realice la tarea cotidiana. La sociedad perdona casi siempre al criminal; pero jamás al soñador. Las bellas emociones estériles que el arte despierta en nosotros son aborrecibles a sus ojos, y ese horrible ideal social domina con su tiranía tan por completo a las gentes, que con el mayor descaro se acercan a uno en exposiciones privadas y en pú¬blicos, preguntando con voz estentórea: "¿Qué está usted haciendo?", la única pregunta que debiera estarle permitida a un ser civilizado es: "¿Qué piensa usted?" Las intenciones de esas personas tan ejemplares, son buenas, sin duda. Quizá por eso mismo son tan insoportables. Pero alguien debiera enseñarles que si la sociedad es del parecer que la contem¬plación es el peor de los pecados, para las personas más cultas e instruidas es la única ocupación digna del ser humano.

ERNEST.- ¿Ha dicho la contemplación?

GILBERT.- Sí; eso mismo. Ya le he dicho hace poco que era mucho más difícil hablar de algo que hacerlo. Permítame decirle ahora que no hacer absolutamente nada es lo más difícil del mundo, lo más difícil y lo más intelectual. Para Platón, apasionado de la sabiduría, esa era la más noble forma de la energía. Para Aristóteles, apasionado de la cien¬cia, era también la forma más noble de la energía. A ella llevó, por su propio anhelo su santidad, al santo y al místico de la Edad Media.

ERNEST.- Entonces, ¿hemos venido a este mundo para no ha¬cer nada?

GILBERT- El que ha sido elegido viene a este mundo para no hacer nada. La acción es limitada y relativa. Y también condicionada y absoluta es la visión del que descansa y ob¬serva, del que recorre un camino solo mientras sueña. Pero nosotros, que hemos nacido al final de esta edad maravillo¬sa, somos demasiado cultos y críticos a la vez, nuestra inte¬ligencia demasiado sutil y también con demasiada tendencia a los placeres exquisitos, para aceptar especulaciones sobre la vida a cambio de la vida misma. Para nosotros, la cittá divi¬na carece de colorido, y la Fruitio Dei, de sentido. La meta¬física no satisface nuestros caracteres y el éxtasis religioso está obsoleto. El mundo en el cual el filósofo de la Academia se convierte en "espectador de todos los tiempos y de todas las existencias" no es, en realidad un mundo ideal, sino sirn¬plemente un mundo de ideas abstractas; al entrar en él nos matan de frío las glaciales matemáticas del pensamiento. Los cursos de la Ciudad de Dios no están ya abiertos para no¬sotros. Sus puertas están guardadas por la ignorancia, y para transponer sus umbrales hemos de abdicar de todo cuanto hay de más divino en nuestra naturaleza. Ya es bastante con que nuestros padres hayan creído. Han dejado exhausta la facultad de creer de la especie y nos han legado el escepti¬cismo, que tanto los aterraba; si lo hubieran puesto en pa¬labras, no podría vivir en nosotros como pensamiento. No. Ernest, no; no podemos regresar a los santos. Hay mucho que aprender todavía de los pecadores. No podemos apuntar de nuevo a los filósofos y los místicos: nos decarrían. Como sugiere Walter Pater en alguna parte, ¿quién desearía cambiar la curva de un simple pétalo de rosa por ese Ser etéreo y sin forma al que Platón consideraba tan importante? ¿Qué sig¬nifican para nosotros la Iluminación de Platón, el Abismo Eckhard, la Visión de Bohme, el mismo Cielo monstruoso, tal como fue revelado a los ojos ciegos de Swedenborg? Todo esto tiene menos valor que el amarillo cáliz de un narciso silvestre, menos que la más inferior artes visibles; porque así como la Naturaleza es la materia que lucha por llegar a ser espíritu, el Arte es el espíritu que se realiza bajo las condiciones de la materia; y por eso, aun en sus más vulgares formas, habla a los sentidos y al espíritu a un mismo tiempo. El temperamento artístico debe repeler siempre lo vago. Los griegos fueron una nación de artistas, porque les fue evitado el sentido de lo infinito. Como Aristóteles, o Goethe des¬pués de haber leído a Kant, busquemos lo concreto y única¬mente lo concreto nos hará sentir bien.

ERNEST.- Entonces, ¿qué cree que debemos hacer?

GILBERT.- Creo que con el desarrollo del espíritu crítico lle¬garemos a comprender finalmente, no únicamente nuestras vidas, sino la vida de todos, de la raza, haciéndonos así ab¬solutamente modernos en el auténtico significado de la pa¬labra modernismo. Pues aquel para quien el presente es la única cosa presente, no sabe nada del siglo en que vive. Para comprender el siglo diecinueve, hay que comprender pri¬mero los siglos precedentes, los cuales contribuyeron a su formación. Para saber algo de uno mismo, hay que saberlo todo de los demás. No debe existir ningún estado de alma con el que no se pueda simpatizar, ni ningún extinto modo de vida que no pueda volver a la vida de nuevo. ¿Es esto imposible? En mi opinión, no lo es. Al revelarnos el meca¬nismo absoluto de toda acción, libertándonos así, de la carga entorpecedora de las responsabilidades morales que nos habíamos impuesto, el principio científico del hereditarismo ha llegado a ser, por así decirlo, la garantía de la vida con¬templativa. Nos ha revelado que en realidad no somos tan esclavos como cuando intentamos actuar. Nos ha atrapado en la trampa del cazador, ha escrito la profecía de nuestro destino sobre el muro. No podemos verle, como no sea en un espejo que refleje el alma. Es Némesis sin su máscara. Es la última y la más terrible de las Parcas. Es el único de los dioses cuyo verdadero nombre conocemos. Y, sin embargo, mientras que en la esfera de la vida práctica y externa ha despojado a la energía de su libertad y a la actividad de su libre discernimiento, de su elección, en la esfera subjetiva, que es donde el alma actúa, llega a nosotros esa sombra te¬rrible con múltiples dádivas en sus manos: extraños tempe¬ramentos y sutiles susceptibilidades, bárbaros ardores y gla¬ciales indiferencias, dones multiformes y complejos de pensamientos contradictorios y de pasiones en pugna con¬sigo mismas. Así, pues, no es nuestra vida la que vivimos, sino la vida de los muertos, y el alma que en nosotros mora no es una simple entidad espiritual, que nos hace personales e individuales, creada para nuestro servicio y que nos invade para goce nuestro. Es algo que habitó en horrendos lugares y tuvo su alojamiento en antiguos sepulcros. Padece innúme¬ras dolencias y guarda el recuerdo de curiosos pecados. Es más sabia que nosotros y su saber es amargo. Nos llena de deseos imposibles de realizar y nos hace perseguir lo que sabemos que nos es imposible alcanzar. Hay, sin embargo, mi querido Ernest, una cosa que puede hacer por nosotros. Puede alejarnos de ambientes cuya belleza es vulgar, o cuya innoble fealdad y míseras pretensiones son nocivas al per¬feccionamiento de nuestro desarrollo. Puede ayudarnos a evadirnos de nuestro siglo, para irnos a vivir a edades re¬motas, sin sentirnos extraños allí. Puede enseñarnos a huir de nuestra experiencia y a conocer las de otros seres más grandes que nosotros. El dolor de Leopardi que clama contra la vida llega a hacerse nuestro. Teócrito hace sonar su flauta y reímos con los labios de las ninfas y de los pastores. Cubiertos con la piel de lobo de Pedro Vidal, huimos ante la jauría, y bajo la armadura de Lancelot, abandonamos a caballo el pabellón de la reina; murmuramos el secreto de nuestro amor bajo la capucha de Abelardo, y con las sucias ropas de Willon in¬cluimos en cantos nuestro oprobio. Contemplamos el alba que despunta bajo la mirada de Shelley y la luna se enamo¬ra de nuestra tierna edad cuando nos ve vagar con Endimión. La angustia de Atis se hace nuestra, al igual que la débil furia y las nobles penas del Danés. ¿Usted cree que la que nos permite gozar de tan distintas vidas es la fantasía? Sí, es la fantasía, y ésta es algo hereditario. Se trata tan sólo de la ex¬periencia racial concentrada.

ERNEST.- Pero, y el espíritu crítico, ¿qué función tiene aquí?

GILBERT.- El aprender que esta transmisión de las experiencias raciales consigue realizar, sólo puede se perfeccionada por el espíritu crítico, y hasta podría asegurarse que ambas forman las dos partes de un todo. ¿Qué es el verdadero crítico sino aquel que lleva dentro de sí los sueños, las ideas y los senti¬mientos de infinitas generaciones, para quien ninguna forma del pensamiento es desconocida, ni oscura ninguna emoción? ¿Y cuál es el "hombre culto" auténtico, sino aquel que por medio de una sutil sabiduría y una laboriosa selección ha hecho el instinto consciente e inteligente, y puede separar la obra que posee distinción de la que no la tiene y así, por contacto y comparación, llegar a poseer los secretos de estilo y escuela, escuchar sus voces, comprender sus significados y desarrollar ese espíritu de curiosidad desinteresada que es la verdadera raíz y la verdadera flor de la vida mental y que cuando alcanza así la lucidez intelectual, conociendo "lo mejor de cuanto se sabe y se piensa en el mundo" vive (y no resulta fantástico admitirlo) con los inmortales?... Sí, querido amigo; la vida contemplativa, la vida que tiene por fi¬nalidad "ser" y no "hacer", y lo solamente "ser", sino "de¬venir, transformarse", es la que nos da el espíritu crítico. Los dioses viven así: o meditan sobre su propia perfección, como nos dice Aristóteles, o, según imaginaba Epicuro, observan con ojos serenos de mero espectador la tragicomedia del mundo que ellos mismos han creado. Podríamos nosotros también vivir como ellos y asistir, con emociones adecuadas, a las escenas diversas que ofrecen el hombre y la Naturaleza, Podríamos espiritualizarnos, apartándonos de la acción, y llegar a ser perfectos repudiando toda energía. Muchas veces he pensado que Browning sintió algo parecido. Shakespeare lanza a Hamlet a la vida activa y le hace cumplir su misión por medio del esfuerzo. Browning pudo haber creado un Hamlet carente de significación. Hizo el espíritu el prota¬gonista de la tragedia de la vida y consideró la acción como el solo elemento no dramático de una obra. Desde la elevada torre del Pensamiento podemos contemplar el Universo. Tranquilo, siendo un centro para sí mismo, completo el crí¬tico, esteta contempla la vida, y ninguna flecha lanzada al azar puede penetrar por las junturas de su armadura. Pl, por lo menos, está a salvo. Ha descubierto cómo vivir. ¿Es in¬moral vivir de esta manera? Sí; todas cualquier arte es in¬moral, excepto esas formas inferiores de arte sensual o didác¬tico cuyo objeto es excitar a la acción, buena o mala. Y la acción, cualquiera que sea, pertenece a la ética. La finalidad del arte consiste simplemente en crear estados de alma. ¿Un género de vida tal carece de aplicaciones prácticas? ¡Ah! ¡Es más difícil ser "impráctico" de lo que se imaginan los igno¬rantes filisteos! Desgraciadamente para Inglaterra, no hay país en el mundo que tenga tanta necesidad de gente im¬práctica como el nuestro. Entre nosotros el pensamiento está degradado por su constante asociación con lo práctico. ¿Quiénes de los que se agitan en el esfuerzo y el tumulto de la existencia real, político alborotador, socialista vocinglero o pobre sacerdote de mente estrecha, cegado por los sufri¬mientos de esa insignificante parte de esta sociedad, en la que él mismo ha fijado su residencia, pueden considerarse capa¬ces de expresar un juicio inteligente y desinteresado sobre cualquier cosa concreta? Cualquier profesión entraña un prejuicio. La necesidad de abrirse paso nos obliga a ser partidistas. Y vivimos en una época en que el pueblo carece de una educación, y tiene demasiado trabajo, un pueblo sumamente trabajador que se ha vuelto estúpido. Y aunque sea duro admitir esto: creo que se merece este destino. El medio seguro de no saber nada de la vida es procurar ser útil.

ERNEST.- Qué doctrina tan sumamente encantadora!

GILBERT.- No sé si es encantadora; pero lo que es seguro, es que es cierta. El anhelo por mejorar a los demás origina una abundante cosecha de pedantes, y este no es el menor de sus males. El presumido ofrece un estudio psicológico realmente interesante, y aunque, de todas las poses, la de moralista sea la peor, tener una pose ya es algo. Es un reconocimiento formal de la importancia de tratar la vida desde un punto de vista de¬finido y racional. La Simpatía Humanitaria, que lucha contra la Naturaleza, asegurando la supervivencia del fracaso, puede hacer que el hombre sabio desprecie esas virtudes tan accesi¬bles para él. El economista político la vitupera, porque coloca en un mismo plano al imprevisor y al previsor, despojando así a la vida del incentivo más poderoso, por el ser más sórdido. Pero, a los ojos del pensador, el verdadero daño causado por esa simpatía emotiva está en que limita el saber y entonces nos impide solucionar los problemas sociales. Intentamos ahora retrasar la crisis que está por llegar, "la revolución inminen¬te", como la llaman mis amigos los fabianistas, por medio de dádivas y de limosnas. Pues bien: cuando llegue esa revolu¬ción o esa crisis, seremos impotentes para defendernos, por¬que no sabremos nada. Así, pues, Ernest, no nos engañemos.

Inglaterra no será nunca civilizada mientras no anexione la Utopía a sus dominios. Podría cambiar ventajosamente al¬guna de sus colonias por tan hermosa comarca. Necesitamos gentes imprácticas que vean más allá del momento y piensen más allá de la época. Los que intentan guiar al pueblo sólo pueden lograrlo siguiendo al populacho. Los senderos de los dioses se preparan únicamente por la voz de alguien que pre¬dica en el desierto. Puede que crea usted que el hecho de ob¬servar y de contemplar, por el mero placer de hacerlo, es egoísta. Aunque crea usted eso, no lo diga. Rendir culto al sa¬crificio es cosa que seduce a una época tan egoísta como la nuestra. Sólo una época tan avara como esta en que vivimos puede colocar por encima de las bellas virtudes intelectuales esas otras bajas y emocionales que le reportan un beneficio práctico inmediato. Yerran igualmente esos filántropos y sentimentales de hoy día que se pasan el tiempo hablando de nuestros deberes para con el prójimo. Porque el desarrollo de la raza depende del desarrollo del individuo, y allí donde la cultura del yo deja de ser el ideal, el nivel intelectual baja inmediatamente y desaparece con frecuencia. Si cena usted en compañía de un hombre que se ha pasado la vida educándose a sí mismo (tipo raro hoy día, lo admito, pero que se puede encontrar todavía de vez en cuando), se levantará de la mesa más rico, con la conciencia de que un elevado ideal ha tocado y santificado por un instante sus días. Pero, en cambio, mi querido amigo, ¡qué horrible experiencia es cenar con un hombre que se ha pasado su vida queriendo educar a los de¬más! ¡Qué espantosa es esa ignorancia, resultado inevitable de la costumbre fatal de comunicar sus opiniones al prójimo! ¡Qué limitado parecer el espíritu de un ser como éste! ¡Cómo le aborrecemos y cómo debe aborrecerse a sí mismo con sus infinitas repeticiones y sus insípidas redundancias! ¡Cómo carece de todo elemento de progreso intelectual! ¡En qué círculo vicioso se mueve!

ERNEST.- Se emociona usted, de forma extraña, querido ami¬go. ¿Es que ha pasado hace poco por esta experiencia tan horrorosa?

GILBERT.- Son pocos los que pueden librarse de ella. Dicen que el maestro de escuela ve cómo se reduce la esfera de su au¬toridad. Ojalá sea cierto. Pero el tipo del cual él no es más que un representante (y de muy escasa importancia), creo que domina nuestras vidas; y así como el filántropo representa el castigo de la esfera ética, el castigo de la esfera intelectual es el hombre tan ocupado siempre en la educa¬ción de los demás, que no ha tenido nunca tiempo de con¬sagrarse a la suya. No, querido; el autodidactismo es el ver¬dadero ideal del hombre. Goethe lo entendió así, y por eso le debemos más que a ningún hombre desde los tiempos es¬plendorosos de Grecia. Los griegos lo vieron también, y le¬garon al pensamiento moderno el concepto de la vida con¬templativa y el método crítico que es el único que conduce a ella. Fue lo que hizo grande el Renacimiento y que generó el humanismo. Es también la única cosa que puede engran¬decer a nuestra época, porque la verdadera habilidad de In¬glaterra radica, no en unos pobres armamentos o en unas costas fortificadas débilmente, no en la pobreza que se arrastra por callejuelas ensombrecidas, o en la borrachera alborotadora en patios repugnantes, sino simplemente en el hecho de que sus ideales poseen emoción y no inteligencia. No niego que el ideal intelectual sea difícil de alcanzar, y aún menos que sea quizá en años venideros impopular entre el populacho. ¡Es tan fácil para la gente simpatizar con el su¬frimiento, y tan difícil, con el pensamiento... !

Las personas vulgares desconocen el valor real del pensa¬miento, que se creen que una vez han tachado una teoría de peligrosa la han condenado, cuando precisamente son éstas las teorías que poseen un verdadero valor intelectual. Una idea, si no es peligrosa, tampoco es digna de llamarse idea.

ERNEST.-Querido amigo, usted me desconcierta. Me ha dicho usted que todo arte es esencialmente inmoral. ¿Ahora va us¬ted a decirme que todo pensamiento es peligroso en esencia?

GILBERT.- Desde luego; desde el punto de vista práctico, así es. La seguridad de la sociedad se basa en la costumbre y en el instinto inconsciente; la base de la estabilidad de la sociedad como organismo sano está en la carencia absoluta de inte¬ligencia en todos sus miembros. La inmensa mayoría de las gentes lo saben tan bien, que se colocan natural y espontá¬neamente de parte de ese espléndido sistema que las eleva a la categoría de máquinas. Y sienten una rabia tan feroz contra toda intrusión de la facultad intelectual en cualquie¬ra de las cuestiones referentes a la vida, que se siente uno tentado de definir al hombre como "un animal razonable que no logra nunca obrar conforme a los preceptos de la razón". Pero salgamos de la esfera práctica y no hablemos más de esos perversos filántropos; hay que dejarlos a merced de Chuang "fzu, el sabio de mirada almendrada del río Amari¬llo, que ha demostrado que esos oficios, bienintencionados y nefastos, han acabado con la virtud sencilla, espontánea, natural, que hay en ser humano. Este es un tema demasiado arduo, y tengo prisa en volver al medio donde la crítica no es prisionera de nada ni de nadie.

ERNEST.- ¿El medio de la inteligencia?

GILBERT- Exacto. Recordará usted mis palabras; el crítico es creador como artista, cuya obra, en efecto, puede que no tenga más mérito que el de sugerir al crítico algún nuevo es¬tado de pensamiento y de sentimiento que éste puede realizar con una distinción de forma igual o quizá mayor, y al que dará una belleza diferente y más perfecta, gracias a un nuevo medio de entendimiento. Pero le he notado a usted un tanto escéptico a esta teoría, ¿me equivoco?

ERNEST.- No soy escéptico en este asunto; sin embargo, debo confesarle que tengo la absoluta convicción que una obra como la del crítico, según la descripción de usted (y hay que admitir, indudablemente, que una obra así existe), ha de ser, por fuerza, subjetiva, mientras que toda obra maestra es impersonal y objetiva.

GILBERT.- Entre una obra objetiva una subjetiva la única di¬ferencia que hay es externa, accidental, y no tan subjetiva. El paisaje mismo que Corot contemplaba no era, como él mismo ha dicho, más que un estado de su alma; y esas grandes figuras del drama griego o inglés, que parecen poseer vida propia, independiente de los poetas que las crearon y modelaron, son, en realidad, los propios poetas, no tal y co¬mo creían ser, sino como creían no ser y tal como fueron, sin embargo, por un momento de un modo extraño, gracias a ese pensamiento; porque no podernos nunca salir fuera de nuestro interior y no puede tampoco haber en una creación lo que había en el creador. Es más: yo diría que cuanto más objetiva parece una creación, más subjetiva es en el fondo.

Shakespeare pudo haber visto a Rosencrantz y a Guildens¬tern por las blancas calles de Londres; pudo haber visto igualmente a los criados de las casas rivales pelearse en la plaza pública; pero Hamlet salió de su alma y Romeo de su pasión. Estos eran elementos de su naturaleza a los que él dio forma tangible, impulsos que se agitaban tan poderosamente en él, que se vio forzado, por decirlo así, a dejarlos realizar su energía, no en el plano inferior de la vida real, donde hu¬bieran estado oprimidos y coartados, sino en el plano ima¬ginativo del arte, donde el amor puede realmente encontrar en la muerte su rica realización, donde se puede matar al que escucha en la puerta detrás de la cortina, o pelear en una tumba recién abierta y hacer beber a un rey culpable su propio veneno y ver el espectro de su padre, a la débil clari¬dad de la luna, avanzar majestuosamente, revestido de su armadura, desde una muralla de bruma a otra. La acción limitada no hubiera satisfecho a Shakespeare ni le hubiese permitido expresarse, y así como pudo realizarlo todo sin hacer nada, de igual modo, precisamente porque no nos ha¬bla nunca de él en sus obras, éstas nos lo revelan de una manera absoluta mostrándonos su auténtico carácter mucho más a fondo que esos sonetos suyos, algo raros y exquisitos, en los que revela, bajo una mirada límpida, el secreto de su alma. Sí; la forma objetiva es la más subjetiva en el fondo. El hombre es menos él mismo cuando habla en persona. Ponle un antifaz, y entonces será sincero.

ERNEST.-Así que el crítico, limitado a la forma subjetiva, ¿será a la fuerza menos apto para expresarse plenamente que el artista, que tiene siempre a su disposición las formas más objetivas e impersonales?

GIEBERT.- No tiene que ser así siempre. Es más, puede que nunca, si reconoce que todo género crítico, en su más elevado desarrollo, es un simple estado de alma, y que no somos jamás tan sinceros con nosotros mismos como cuando somos in¬consecuentes. El crítico esteta, fiel sólo al principio de belleza en todas las cosas, buscará siempre impresiones nue-vas, to¬mando de diversas escuelas el secreto de su encanto, postrán¬dose quizá ante altares extranjeros y sonriendo, si es su capri¬cho, a extraños nuevos dioses. Lo que algunas personas llaman el pasado de un hombre, posee, sin duda para ellas una gran importancia; pero nada que ver con ese hombre. El hombre que se ocupa de su pasado no merece tener un porvenir. Cuando se ha encontrado la expresión de un estado de alma ha terminado uno con él. ¿De qué se ríe? Es cierto. Hace nada, nos asombraba el realismo. Hallábamos en él ese "nuevo es¬tremecimiento" que constituía su única finalidad. Se le analizó y explico, y acabó por cansarnos. En su ocaso, aparecieron los poetas simbolistas; y el espíritu medieval, ese espíritu que pertenece, no a la época, sino al carácter, despertó de repente en la enferma Rusia y nos conmovió durante algún tiempo con la terrible fascinación del dolor. Hoy adoramos la novela, y ya las hojas tiemblan en el valle y por las cimas purpúreas de las colinas va la Belleza andando, con esbeltos pies de oro. Persisten, ciertamente, los antiguos modos de creación. Los artistas se copian a sí mismos o copian a los demás, en burda imitación. Pero la crítica avanza siempre, y el crítico progresa sin parar. El crítico no se halla realmente limitado a la forma subjetiva de expresión. El método del drama le pertenece, así como el de la epopeya. Puede emplear el diálogo, como el que hizo sostener Milton o Marvel sobre la naturaleza de la co¬media y de la tragedia, como el que entablaron por carta Si¬dney y lord Brooke bajo las encinas de Penshurst. Puede adoptar la narración que agrada a mister Walter Pater, cuyos Retratos imaginarios (¿se trata del título del libro?) nos pre¬sentan bajo la careta imaginativa de la ficción fragmentos de crítica sutil y exquisita, uno sobre la filosofía de Watteau, otro sobre la de Spinoza, también sobre los elementos paganos de comienzos del Renacimiento, y el último, y en cierto modo más sugestivo, sobre el origen de esa Aulklarung, esa ilumi¬nación, que surgió como una aurora en Alemania el siglo pa¬sado, y a la cual debe tanto nuestra cultura moderna. Desde luego; ¡realmente, el diálogo, esa maravillosa forma literaria que, desde Platón a Luciano, desde Luciano a Giordano Bruno, y desde Bruno a ese viejo y gran pagano que tanto entusiasmaba a Carlyle, los críticos creadores del mundo han utilizado siempre, no puede perder jamás, como modo de expresión, su atractivo para el pensador. Gracias a él, puede éste exponer el tema bajo todos los aspectos y mostrárnoslo haciéndole girar en cierto modo, como un escultor presenta su obra, logrando así toda la riqueza y toda la realidad de efectos que provienen de esos "paralelos", sugeridos repentinamente por la idea central en marcha, y que iluminan más aún esta misma idea, o esos pensamientos interiores tan felices que completan el tema central e incluso le aportan algo de la sutil maravilla del azar.

ERNEST.-Y gracias al diálogo puede él inventar un contrincante imaginario y convencerlo cuando lo place con uno de esos estúpidos sofisma.

GILBERT.- ¡Ah! ¡Es muy fácil persuadir a otros y muy difícil, en cambio, persuadirse uno mismo!... Si se quiere llegar a lo que realmente se cree, hay que hablar con labios ajenos. Para llegar a conocer la verdad, antes hay que imaginar miles de mentiras posibles. Porque ¿qué es en realidad la verdad? En cuestión de religión, simplemente la opinión que ha sobre¬vivido. En ciencia, la última sensación. En arte, nuestro úl¬timo estado de alma. Y ya ve usted ahora, querido amigo, que el crítico dispone de tantas formas objetivas de expresión como el artista mismo. Ruskin escribe su crítica en prosa imaginativa, soberbia en sus cambios y contradicciones; Renán emplea el diálogo; Pater, la ficción; Browning escribe la suya en verso libre y obliga al pintor y al poeta a revelarnos su secreto, y Rossetti tradujo en sonetos musicales el colorido de Giorgione y el dibujo de Ingres, así como el dibujo y el color suyos propios, sintiendo, con el instinto de quien usa múltiples modos de expresión, que el arte supremo es la li¬teratura y que el método más bello, sutil y perfecto es el de las palabras.

ERNEST.- De acuerdo, pues una vez sentado por usted que el crítico dispone de todas las formas objetivas, ¿puede usted decirme cuáles son exactamente las cualidades que caracte¬rizan a un auténtico crítico?

GILBERT.- ¿Cuáles serían según su criterio?

ERNEST.- ¡Bueno, yo creo que un crítico debe ser, sobre todo, imparcial!

GILBERT.- ¡Ni hablar; imparcial, jamás! Un crítico no puede ser imparcial en el sentido ordinario de la palabra. Sólo podemos dar una opinión imparcial sobre las cosas que no nos interesan, y ésta es, sin duda, la razón por la cual una opinión imparcial carece siempre y en absoluto de valor. El hombre que ve los dos lados de una cuestión no percibe absolutamente nada de ella. El arte es una pasión, y en materia de arte el pensamien¬to está inevitablemente coloreado por la emoción, fluida más bien que helada, y que, como depende de unos estados de alma sutiles y de unos momentos exquisitos, no puede com¬primirse en la rigidez de una fórmula científica o de un dogma teológico. Es el alma a la que habla el arte, y el alma puede ser prisionera del espíritu lo mismo que el cuerpo. Evidentemente, no se debían tener prejuicios; pero, como hizo notar un gran francés hace un siglo, depende de cada uno tener preferencias sobre unos temas, y cuando se tienen preferencias, deja uno de ser imparcial. Sólo los peritos tasadores pueden admirar por igual e imparcialmente todas las escuelas de arte. No; la im¬parcialidad no es una de las cualidades del verdadero crítico; no es tan siquiera una de las condiciones de la crítica. Cada forma de arte con la que establecemos contacto nos doctrina desde ese mismo momento, con exclusión de todas las otras formas. Tenemos que entregarnos en absoluto a la obra en cuestión, sea la que fuere, para obtener su secreto. Durante ese tiempo es preciso no pensar en nada más, y es que en realidad, no podemos hacer otra cosa.

ERNEST.- Pero el crítico sí que debe ser razonable, ¿o no?

GILBERT.- ¿Razonable?... Bueno; hay dos maneras de no amar el arte, querido Ernest. Una consiste simplemente en no amarlo. La otra, en amarlo de forma razonable. Porque el arte, en efecto (como observó Platón, no sin pesar), crea en el es¬pectador y en el oyente una locura divina. No nace de la inspiración, sin embargo, inspira a los demás. La razón no es la facultad a la que él se dirige. Si se ama verdaderamente el arte, debe amárselo por encima de todo el mundo, y la razón, si se la escuchase, clamaría contra semejante amor. No hay nada sano en el culto de la Belleza. Es una cosa dema¬siado espléndida para ser cuerda. Aquellos cuyas vidas dirige, parecerán siempre al mundo puros visionarios.

ERNEST.- Pero, ¿sí que al menos será sincero?

GILBERT.- Cierta dosis de sinceridad es peligrosa, y un exceso de la misma es fatal. El verdadero crítico, en efecto, será siempre sincero en su devoción al gran principio de la be¬lleza; pero la buscará en todas las épocas y en todas las es¬cuelas, no se dejará nunca limitar por ninguna costumbre establecida de pensar o por alguna estereotipado manera de ver las cosas. Adoptará, para realizarse, numerosas formas y mil maneras distintas, y sentirá siempre la curiosidad de nuevas sensaciones y de nuevas perspectivas. Encontrará su verdadera unidad sólo a través de esos cambios perpetuos. No consentirá en ser esclavo de sus propias opiniones. ¿Qué es, en efecto, el espíritu, sino el movimiento en la esfera de la inteligencia: esencia del pensamiento, como la esencia de la vida, es el crecimiento. No debe tener usted miedo de las pa¬labras, Ernest. Lo que las gentes llaman insinceridad es sólo el método por el cual podemos desarrollar el carácter.

ERNEST.- Me parece que no he sido demasiado afortunado en mis sugerencias.

GILBERT.- De las tres cualidades que usted ha mencionado, dos (sinceridad e imparcialidad) son casi por completo de índole moral; y la primera condición de la crítica es que el crítico reconozca que la esfera del Arte y la de la Ética están com¬pletamente separadas. En cuanto se las confunde, vuelve uno al caos. Actualmente, en Inglaterra se las confunde dema¬siado, y aunque nuestros modernos puritanos no puedan destruir algo bello, gracias a su extraordinario prurito pueden llegar mancillar la belleza un instante. Y es principalmente (siento tener que decirlo) mediante la Prensa como esas gentes encuentran expresión. Lo siento, porque hay mucho que decir en favor del periodismo moderno. Facilitándonos las opiniones de gente inculta, nos advierte de la ignorancia de la sociedad. Relatando cuidadosamente los sucesos co¬rrientes de la vida contemporánea, nos muestra su ínfima importancia. Discutiendo invariablemente sobre lo inútil, nos hace comprender lo que es necesario para la cultura in¬telectual y lo que no lo es. Pero no debería permitir al pobre Tartufo que escribiese artículos sobre arte moderno. Cuando lo permite, se pone en ridículo, se embrutece. Y, sin em¬bargo, los artículos de Tartufo y las notas de Chadband son buenas en algo: sirven para mostrar hasta qué punto es li¬mitada el área en que la ética y las consideraciones éticas pueden ejercer su influencia. La ciencia está fuera del alcance de la moral, porque sus ojos están fijos sobre las verdades eternas. El arte está igualmente fuera del alcance de la moral porque sus ojos están fijos sobre cosas bellas, inmortales y siempre renovadas. Sólo pertenecen a la moral las esferas inferiores y menos intelectuales. Dejemos pasar, sin embar¬go, a esos vociferantes puritanos; tienen su lado cómico. ¿Quién es capaz de no reírse cuando cualquier periodista de poca monta propone seriamente que se limite el número de temas de que dispone el artista? Sería conveniente que se pusieran ciertos límites (y pronto se los pondrán) a nuestros periódicos y a nuestros periodistas, porque nos dan los he¬chos escuetos, sórdidos y repugnantes de la vida. Relatan con una avidez degradante los pecados de segundo orden y, con el minucioso cuidado de los incultos, nos dan precisos y prosaicos detalles acerca de los actos y gestos de gentes desprovistas de interés. Pero el artista que acepta los hechos de la vida y los transforma, sin embargo, en figuras de be¬lleza, en modelos de piedad o de terror; que muestra su color esencial, su prodigio, su verdadero valor desde el punto de vista ético, creando así fuera de ellos un mundo más real que la realidad misma, de un sentido más elevado y más noble, ¿quién marcará esos límites? No serán los apóstoles de ese nuevo periodismo, que no es más que la antigua vulgaridad "revelándose sin trabas", ni los apóstoles de ese nuevo puri¬tanismo, que no es otra cosa que la lamentación de los hipócritas, tan mal escrita como hablada. La simple suposición es ridícula. Esas gentes perversas no merecen que perdamos en ellos más tiempo de nuestra interesante conversación, así que sigamos discutiendo los requisitos artísticos indispensa¬bles de un verdadero crítico.

ERNEST.- Pues, dígame: ¿cuáles son estos requisitos?

GILBERT.- La primera y más importante es el temperamento, un temperamento de una sensibilidad extraordinaria en lo que se refiere a la belleza y a las distintas expresiones que ésta nos produce. En qué condiciones y por qué medios nace ese temperamento en la raza o en el individuo, esa es cuestión que no discutiremos de momento. Baste con decir que hay en nosotros, un sentido de la belleza separado de los otros sentidos y superior a ellos, distinto de la razón y más noble que ella, diferente del alma y de igual valor; un sentido que induce a unos a crear, y a otros, los más delicados según mi parecer, a la simple contemplación. Pero este sentido requiere un ambiente exquisito para depurarse y perfeccionarse. Sin él perece o se embota. Usted recordará ese pasaje adorable en que Platón nos describe la forma cómo debe ser educado un joven griego, y en el que insiste en la importante influencia del ambiente, diciéndonos que el niño debe ser educado entre bellos espectáculos y armoniosos sonidos, para que la belleza de todo lo material prepare su alma para recibir la be¬lleza espiritual. Insensiblemente, y sin que sepa la razón, verá desarrollarse en él ese auténtico amor a la belleza, verdadera finalidad de la educación, como Platón no se cansa de re¬petirnos. Poco a poco, gradualmente nacerá en él un tem¬peramento que lo llevará, de un modo natural y sencillo, a elegir lo bueno con preferencia a lo malo, a rechazar lo que es vulgar y discordante; a seguir, con un gusto instintivo y delicado, todo lo que posea gracia, encanto, belleza. Final¬mente, en el momento oportuno, ese gusto debe hacerse crítico y consciente; pero primero ha de existir puramente como instinto cultivado, y "el que haya recibido esa verda¬dera cultura del hombre interior percibirá, con visión diá¬fana, las omisiones y las faltas del arte infalible, mientras alaba y halla placer en lo bueno y lo acoge en su alma, ha¬ciéndose noble y bueno, el niño reprobará y odiará con justicia lo malo desde su infancia, aun antes de saber razo¬nar"; y así, cuando más tarde se desarrolle en él el espíritu crítico y consciente, "lo reconocerá y saludará como a un amigo con quien su educación le ha familiarizado desde mucho tiempo antes". No necesito decirle, querido arraigo, lo lejos que estamos los ingleses de ese ideal, y me imagino la sonrisa que iluminaría el radiante rostro de Filisteo si se aventurase tino a insinuar que la verdadera finalidad de la educación es el amor a la belleza, y que los mejores métodos educadores son el desarrollo del temperamento, el cultivo del gusto y la formación del espíritu crítico. Sin embargo, nos queda aún alguna belleza ambiente, y la estupidez de maes¬tros y catedráticos importa muy poco cuando se puede vagar por los claustros de Magdalena y oír alguna voz aguda can¬tar en la capilla de Waynfleet o puede uno tumbarse en el verde prado, entre las margaritas moteadas como piel de serpiente, viendo el sol ardiente de mediodía afinar el oro de las veletas de la torre, errar por las escaleras de Christ Chur¬ch, bajo los sombríos arcos apuntados, o pasar por el pórtico esculpido de la Casa de Laud, en el Colegio de San Juan. Y no es sólo en Oxford o en Cambridge donde puede for¬marse, orientarse y perfeccionarse el sentido de lo bello. En toda Inglaterra se vive un renacimiento de las artes plásticas. La fealdad ha caído en lo más hondo. Hasta en las casas de los ricos hay gusto, y las casas de los pobres son hasta gra¬ciosas, simpáticas, agradables de habitar. Calibán, el pobre alborotador Calibán, cree que una cosa deja de existir en cuanto él ha dejado de hacer muecas. Pero si ya no se burla más es porque ha topado con una burla más fina y aguda que la suya. Y porque le ha dado una severa lección ese silencio que debía cerrar para siempre su boca tosca y deforme. Lo único que se ha hecho hasta la fecha es desbrozar el camino. Siempre es menos fácil destruir que crear, y cuando lo que tenemos que destruir es la vulgaridad y la estupidez, la tarea de destrucción requiere además de valentía, desprecio. Sin embargo, creo que esto ha sido ya hecho en cierto modo. Hemos acabado con lo que era malo. Ahora hemos de hacer lo bello. Y a pesar de que la misión del movimiento estético sea enseñar a contemplar y no a crear, como el instinto creador es muy fuerte en el celta y el celta es el guía en arte, no existe ningún motivo para que en el futuro ese extraño renacimiento no pueda llegar a ser tan poderoso a su mane¬ra como lo fue aquel resurgimiento del arte que tuvo lugar, hace muchos siglos, en las ciudades de Italia. Es verdad que para cultivar el temperamento de dirigirnos a las artes de¬corativas, a las artes que conmueven y no a las que nos en¬señan. Las pinturas modernas son, indudablemente, deli¬ciosas de ver, al menos algunas; pero es imposible por completo vivir con ellas. Son demasiado hábiles, demasiado afirmativas e intelectuales. Su significación es demasiado transparente, y su maestría, demasiado precisa. Agotamos pronto lo que tienen que decir, y entonces nos hastían tanto como unos parientes a los que ves cada día. Me agrada ex¬traordinariamente la obra de muchos pintores impresionistas de París y de Londres. Esa escuela sigue poseyendo sutileza y buen gusto. Algunas de sus combinaciones y armonías re¬cuerdan la belleza sin igual de la inmortal Sinfonía en blan¬co mayor, de Gautier, esa perfecta obra maestra de brillante colorido y de música que ha sugerido terna y título a los mejores lienzos de esos pintores. Como gentes que admiten al incompetente con simpática complacencia y que confun¬den lo raro con lo bello y lo vulgar con lo auténtico, son perfectos. Sus aguafuertes tienen la brillantez del epigrama; sus pasteles son fascinadores como paradojas, y en cuanto a sus retratos, diga lo que quiera el vulgo, nadie negará que poseen ese encanto único y maravilloso, que sólo pertenece a las obras de pura ficción. Pero los impresionistas, por serios y laboriosos que sean, no sirven para nuestros fines. A mí me son directos. Su tonalidad blanca dominante, con sus varia¬ciones lilas, hizo época en el color. Aunque el momento no haga al hombre, hace indudablemente al impresionista, y del momento en arte y de lo que Rossetti bautizó con la expre¬sión de "monumento del momento", ¿qué podría decirse irás? También son sugestivos. Si no abrieron los ojos a los ciegos, dieron al menos grandes alientos a los miopes y mientras sus maestros poseen toda la inexperiencia de la vejez, sus jóvenes representantes son demasiado sensatos para tener alguna vez buen sentido. Sin embargo, insisten en tratar el arte de la pintura como una forma de autobiografía para incultos, y no cesan de hablarnos, en sus lienzos ordi¬narios, de sus personas inútiles y de sus opiniones innecesa¬rias, echando a perder, por un vulgar exceso de énfasis, ese bello desprecio a la Naturaleza, que es su mejor y más mo¬desto mérito. Se cansa uno a la larga de la obra de individuos cuya individualidad es siempre ruidosa y que generalmente carece de interés, Hay mucho más que decir en favor de esa nueva escuela parisiense reciente, los arcaístas, como ellos se denominan, que, negándose a dejar al artista a merced de la temperatura, encuentran su ideal artístico, no en un simple efecto atmosférico, sino que buscan más bien la belleza imaginativa del dibujo y el encanto del color bello, y que desechando el tedioso realismo de los que no pintan sino lo que ven, intentan ver algo digno de ser visto, viéndolo, además, no sólo con la visión material, sino con la visión mayor en nobleza del alma, que es más exuberante en su intención artística. Estos, por lo menos, trabajan con esas condiciones decorativas que requiere cualquier arte para llegar a la perfección, y poseen el suficiente sentido de la estética para lamentar esas sórdidos y estúpidos límites que imponen el modernismo absoluto de la forma, y que han ocasionado la ruina de tantos impresionistas. Sin embargo, el arte puramente decorativo es ése con el que se vive. De nuestras artes visibles, es la única que crea en nosotros, a la vez, el estado de alma momentáneo y el carácter. El color simple, desprovisto de significado y libre de cualquier forma definida, habla de mil maneras al alma. La armonía que existe en las sutiles proporciones de líneas y se refleja en el espíritu. Las repeticiones de motivos nos dan reposo. Las maravillas del dibujo excitan nuestra imaginación. En la be¬lleza de los materiales utilizados hay elementos latentes de cultura. Y esto no es todo. Al rechazar deliberadamente a la Naturaleza como ideal de belleza, así como al método imi¬tativo de los pintores ordinarios, el arte decorativo no sólo prepara el alma para recibir las verdaderas obras imaginativas, sino que desarrolla en ella ese sentido de la forma que será la base de toda empresa creadora o crítica. Porque el verdadero artista es el que va, no del sentimiento a la forma, sino de la forma al pensamiento y a la pasión. No concibe primero una idea para decirse después a sí mismo: "Encajaré mi idea en una medida compleja de catorce líneas", sino que, cono¬ciendo la belleza esquemática del soneto, concibe ciertas modalidades musicales y ciertos métodos de rima, y la mera forma sugiere lo que ha de llenarla y hacerla completa, tanto intelectual como emotivamente. Cada cierto tiempo el mundo clama contra algún poeta encantador y artista, por¬que, según la frase estúpida y repetida, no tiene "nada que decir". Pero es que si tuviera algo que decir, lo diría proba¬blemente, y el resultado sería atrozmente aburrido. Precisa¬mente porque nada tiene que decir es por lo que puede hacer una obra bella. Se inspira en la forma y nada más que en la forma, como debe hacer todo artista. Una pasión real sería su ruina. Lo que sucede en realidad no sirve para el arte. Toda la mala poesía nace de sentimientos reales. El que es natural es transparente y, en consecuencia, nada artístico.

ERNEST.- ¿Cree realmente lo que está diciendo?

GILBERT.- No entiendo el porqué de esa pregunta. El cuerpo es el alma siempre, no sólo en el arte. En todas las esferas de la vida la forma es el principio de las cosas. Los movimientos rítmicos, tan armoniosos, de la danza, despiertan (Platón lo afirma) el ritmo y la armonía en el espíritu. "Las formas son el alimento de la fe", exclamó Newman en uno de esos grandes momentos de sinceridad que nos hacen admirar y conocer al hombre. Tenía razón, aunque no supiera cuán terriblemente la tenía. Los credos se aceptan, no porque sean razonables, sino porque los repite uno. Sí; la forma es todo. Es el secreto de la vida. Encuentre usted expresión a un do¬lor, y se le hará dilecto. Encuentre expresión a una alegría, y aumentará su éxtasis. ¿Quiere usted amar? Recite las letanías del amor, y las palabras creerán el ardiente deseo de donde se imagina el mundo que nace. ¿Tiene usted un pesar que le corroe el corazón? Húndase en el lenguaje del dolor, apren¬da su elocuencia de labios del príncipe Hamlet y de la reina Constanza, y verá usted que la simple expresión es una ma¬nera de consolarse, y que la forma, origen de la pasión, es también la muerte del dolor. Y así, volviendo al ámbito ar¬tístico, es la forma la que crea no sólo el temperamento crí¬tico, sino también el instinto estético, ese infalible instinto que nos revela todas las cosas en sus condiciones de belleza. Comience usted por el culto de la forma, y le serán revelados todos los secretos del arte, y recuerde que tanto para la crítica como para la creación, el temperamento lo es todo, y que las escuelas de arte deben agruparse no por la época que las pro¬dujo, sino por los temperamentos de sus dirigentes.

ERNEST.- Esta teoría suya sobre la educación es realmente adorable. Pero ¿cuál será la influencia de este crítico, educado en un ambiente tan fino y exquisito? ¿Cree realmente que hay artistas a quienes pueda afectar la crítica?

GILBERT- La influencia del crítico reside en el mero hecho de existir. Significará el "arquetipo" perfecto. La cultura del siglo tendrá conciencia de sí misma en él. No tiene otra fi¬nalidad que la de su propia perfección. La inteligencia sólo pide, como se ha dicho muy bien, sentirse viva. El crítico, ciertamente, puede sentir deseo de imponerse; pero si es así, no tratará al individuo, sino a la época, a la que intentará despertar a la conciencia, conmoverla, creando nuevos de¬seos y ansias y prestándole su amplia visión y sus estados de alma más nobles. El arte de nuestros días lo interesará me¬nos que el arte de mañana y mucho menos que el de ayer; y en cuanto a esos que, en este momento, se agotan en la ta¬rea, ¿qué nos importa lo que hagan? Lo hacen lo mejor que pueden, sin duda, y, por consiguiente, nos dan lo peor de ellos. Las peores obras están hechas siempre con las mejores intenciones. Y, además, mi querido amigo, cuando un hombre llega a los cuarenta, ingresa en la Academia o es elegido miembro del Atheneum Club o se le consagra no¬velista popular, cuyos libros son muy solicitados en las es¬taciones del extrarradio, se puede uno permitir el lujo de divertirse, ridiculizándolo, pero no el de reformarlo. Lo cual es, me atrevo a decirlo, muy afortunado para él, pues, a mi juicio, es indudable que la reforma es mucho más penosa que el castigo, e incluso que es un castigo en su forma más agravada y moral, lo que explicaría nuestro completo fracaso al intentar, como sociedad, reformar a ese peculiar e insólito fenómeno llamado el criminal reincidente.

ERNEST.- Pero ¿no dijiste que el mejor juez en poesía es el poe¬ta, y en pintura el pintor? Cada arte debe antes que nada di¬rigirse al artista que lo cultiva. Con toda seguridad, su juicio será insuperable por ningún otro.

GILBERT.- Cualquier forma de arte se dirige únicamente al temperarnento artístico y no al especialista. Pretende, de forma justificada, ser universal y "uno", en cualquiera de sus manifestaciones. Desde luego que un artista está lejos incluso de ser el mejor juez en arte; un artista verdaderamente grande no puede nunca juzgar las obras de los demás y apenas si puede juzgar las suyas. Esta concentración misma de visión que hace ser artista a un hombre limita en él, con su ex¬traordinaria intensidad, su facultad de fina apreciación. La energía creadora lo precipita ciegamente hacia su finalidad personal. Las ruedas de su carro levantan a su alrededor una nube de polvo. Los dioses se esconden los unos de los otros. Tan sólo pueden reconocer a sus fieles.

ERNEST.- ¿Y usted afirma que un gran artista es incapaz de reconocer la belleza de una obra que no sea suya?

GILBERT- Sí, totalmente. Wordsworth no vio en Endimión más que una linda obrita pagana, y Shelley, con su aversión a la realidad, fue sordo al mensaje de Wordsworth, cuya forma lo repelía, y Byron, gran apasionado, humano e incompleto, no pudo apreciar ni al poeta de las nubes, tampoco al poeta del lago, ni al maravilloso Keats. Sófocles aborrecía el realismo de Eurípides: esas cataratas de lágrimas abrasadoras carecían de música para él. Milton, con su sentido gran estilo, no pudo comprender la manera de Shakespeare, como tampoco sir Joshua la de Gainsborough. Los malos artistas se admiran mutuamente. Llaman a esto grandeza de espíritu y carencia de prejuicios. Pero un artista verdaderamente grande no puede concebir la vida revelada o la belleza modelada en condiciones distintas de las escogidas por él. La creación emplea toda su facultad crítica en su propia esfera y no puede utilizarla en la esfera de los demás. Precisamente porque un hombre no puede crear una cosa es por lo que se convierte en un juez perfecto para criticarla.

ERNEST.- ¿Y lo cree de verdad?

GILBERT.- Por supuesto que sí. La creación limita la visión, mientras que la contemplación la amplía.

ERNEST.- Pero ¿qué sucede con la técnica? ¿Cada arte en par¬ticu-lar tiene realmente su técnica?

GILBERT.- Claro que sí, cada arte posee su gramática y sus propios materiales. No existe ningún misterio en una ni en otros, y los ineptos pueden siempre ser correctos. Pero en tanto que las leyes sobre las que se basa el arte son fijas y ciertas, deben, para realizarse plenamente, ser elevadas por la imaginación a un grado de belleza tal que parezca, cada una de ellas, excepcional. La técnica es, realmente, la personali¬dad. Por eso el artista no puede enseñarla ni el discípulo adquirirla y por eso el crítico esteta puede llegar a com¬prenderla. Para el gran poeta no hay más que un método musical: el suyo. Para el gran pintor no hay más que una manera de pintar: la suya. El crítico de arte es el único que puede apreciar todas las formas y todas los métodos. A él es a quien el arte se dirige.

ERNEST.- Me parece que no me quedan más dudas sobre esta cuestión. Ahora debo admitir...

GILBERT.- ¡Ah! No me diga que está de acuerdo conmigo. Cuando alguien me dice que está de acuerdo con mis opi¬niones, sospecho que estoy equivocado.

ERNEST.- Si es así, no le diré si pienso o no como usted. Pero le preguntaré algo más. Me ha dicho que la crítica es un arte creador. Pero su futuro, ¿cuál es?

GILBERT.- El futuro pertenece a la crítica. Los temas de que dispone la creación son cada vez más limitados en extensión y en variedad. La Providencia y mister Walter Besant han agotado los más sencillos. Si el arte creador debe durar, sólo puede conseguirlo a fuerza de ser mucho más "crítico" que lo es actualmente. Las antiguas carreteras y las grandes calzadas polvorientas han sido demasiado holladas. El continuo pisar de los viandantes ha ido haciendo desaparecer todo su en¬canto y han perdido ese elemento de novedad o de sorpresa tan esencial a la novela. Para conmovernos ahora con la fic¬ción, habría que darnos un fondo absolutamente nuevo o revelarnos el alma del hombre hasta en sus engranajes más secretos. Rudyard Kipling cumple la primera de esas condi¬ciones. Cuando se recorren las páginas de sus Cuentos senci¬llos de las colinas uno se imagina sentado bajo una palmera, estudiando la vida revelada en magníficos relámpagos de vulgaridad. Los brillantes colores de los bazares deslumbran nuestros ojos. Los anémicos y mediocres angloindios están en desacuerdo exquisito con el ambiente que los rodea. E in¬cluso la falta de estilo del cuentista presta a lo que nos relata un singular realismo periodístico. Desde el punto de vista literario-Kipling es un genio que deja caer sus letras aspira¬das. Desde el punto de vista de la vida, es un reportero que conoce la vulgaridad mejor que nadie. Dickens conocía su ropaje y su gravedad. Es nuestra primera autoridad sobre todo lo que es de segundo orden; ha entrevisto cosas mara¬villosas por el agujero de la cerradura y sus perspectivas de fondo son verdaderas obras de arte. En cuanto a la segunda condición, hemos tenido a Browning y a Meredith. Pero queda todavía mucho por hacer en la esfera del análisis in¬terno. La gente dice a veces que la ficción se torna demasia¬do mórbida. Cuanto más se estudia la psicología más se piensa que, por lo contrario, no será nunca lo bastante mórbida. No hemos hecho más que rozar la superficie del alma, y esto es todo. Una sola célula marfileña del cerebro contiene cosas más terribles y más estupendas que las que han podido soñar los que, como el autor de El rojo y el negro, han intentado penetrar en los repliegues más íntimos del alma y hacer confesar a la vida sus pecados más directos. Sin embargo, el número de "fondos" inéditos es limitado y es posible que un mayor desarrollo del análisis interno fuera fatal para esa facultad creadora a la que el referido análisis intenta suministrar nuevos materiales. Me inclino a creer que la creación está condenada. Nace de un impulso demasiado primitivo, demasiado natural. En todo caso, lo cierto es que los temas de que dispone están en constante disminución, mientras que los de la crítica aumentan en cantidad conti¬nuamente. Hay siempre nuevas aptitudes y nuevos puntos de vista para el espíritu. El deber de dar forma al caos no cesa de aumentar, porque el mundo avanza. En ninguna época fue tan necesaria la crítica como en nuestros días. Por ella so¬lamente puede la Humanidad sentirse consciente del punto a que ha llegado. Hace unas horas me preguntaba usted, querido Ernest, cuál es la utilidad de la crítica. Era como si me preguntase qué utilidad tiene el pensamiento. Es la crí¬tica, como demostró Arnold, la que crea la atmósfera inte¬lectual del mundo en todas las épocas. Es la crítica, como espero demostrarlo yo mismo algún día, la que hace del es¬píritu un instrumento afinado. Con nuestro sistema educa¬tivo recargamos la memoria con un montón de hechos in¬conexos, esforzándonos laboriosamente en transmitir nuestra ciencia laboriosamente adquirida. Enseñamos a la gente a recordar y no la enseñamos nunca a desarrollarse. No nos ha sucedido nunca poner a prueba y hacer creer en el espíritu una cualidad más sutil de percepción y de discernimiento. Los griegos lo hicieron, y cuando entramos en contacto con su espíritu crítico, nos vemos obligados a reconocer que si los temas tratados por nosotros son en todos los aspectos más amplios y más variados que los suyos, su método es el único que puede servirnos para la interpretación de esos temas. Inglaterra hizo una cosa: inventó y estableció la Opinión Pública, lo cual era un ensayo para organizar la ignorancia de la sociedad, elevándola a la dignidad de fuerza física. Pero la Sabiduría sigue estando oculta para ella. Como instrumento de pensamiento, el espíritu inglés es tosco y limitado, úni¬camente el progreso del instinto crítico puede purificarlo. Y es asimismo la crítica la que hace posible, por concentración, la cultura intelectual. Coge el montón entorpecedor de obras creadoras y lo destila en una esencia más delicada. ¿Quién, dotado de cierto sentido de la forma, podría moverse entre tantos libros monstruosamente innumerables como ha pro¬ducido el mundo y en los que el pensamiento balbuce y la ignorancia vocifera? El hilo que debe guiarnos por ese fasti¬dioso laberinto está en manos de la crítica. Es más: allí donde no existen archivos, donde la historia se perdió o no fue nunca escrita, la crítica puede construir de nuevo el pasado para nosotros con ayuda del más pequeño fragmento de lenguaje o de arte, con la misma seguridad con que el hom¬bre de ciencia puede, por medio de un hueso minúsculo o gracias a la sola huella de un pie sobre una roca, crear de nuevo para nosotros el dragón alado o el lagarto Titán, cuyo paso hizo retemblar la tierra antaño, y salir de su caverna a Behemonth y hacer nadar otra vez a Leviatán por el mar aterrorizado. La prehistoria pertenece al crítico filósofo y arqueólogo. A él le son revelados los orígenes de las cosas. Los depósitos conscientes de una época inducen a error casi siempre. Gracias a la crítica filológica, conocemos mejor los siglos de los que no se conserva más documento que aquellos que nos dejaron sus rollos de pergamino. Puede ella hacer por nosotros lo que no pueden las ciencias físicas y metafí¬sicas.

Puede darnos la ciencia exacta del espíritu en el curso de su desarrollo, y hacer por nosotros más que la historia. Puede decirnos lo que pensó el hombre antes de saber es¬cribir. Me ha preguntado usted qué influencia tenía la crítica. Creo haberle contestado ya, pero queda esto por decir. Ella es la que nos hace cosmopolitas. La escuela de Manchester in¬tentó hacer realizar a los hombres la fraternidad humana mostrándoles las ventajas comerciales de la paz. Ha intentado envilecer este mundo maravilloso convirtiéndolo en un vulgar mercado para el comprador y el vendedor. Se ha di¬rigido a los más bajos instintos y ha fracasado en absoluto. Se han sucedido las guerras y el credo del comerciante no ha impedido ni impedirá que Francia y Alemania hayan cho¬cado y choquen en sangrientas batallas. Otros intentan ac¬tualmente recurrir a las puras simpatías emotivas o a los dogmas superficiales de algún vago sistema de ética abstracta. Tienen sus Sociedades de la Paz, tan queridas por los senti¬mentales, y sus proposiciones de un Arbitraje internacional desarmado, tan popular entre los que no han leído nunca la Historia. Pero la simpatía emotiva pura fracasará siempre. Es demasiado variable y está demasiado unida a las pasiones. Y un consejo arbitral, que en servicio del bienestar general de la raza no pueda detentar el poder para ejecutar sus decisio¬nes, sería completamente inútil. No hay más que una cosa peor que la Injusticia, y es la justicia sin su espada en la ma¬no. Cuando el Derecho no es la Fuerza, entonces es el Mal. No son las emociones ni la codicia las que llegarán a hacer¬nos cosmopolitas; sólo llegaremos a ser superiores a los pre¬juicios raciales cultivando el hábito de la crítica intelectual. Goethe (no interprete usted mal lo que digo) fue un alemán muy especial. Amó a su país como nadie. Quería a sus con¬ciudadanos y era su guía. Y, sin embargo, cuando la férrea planta de Napoleón pisoteó los viñedos y los campos de trigo, sus labios permanecieron silenciosos. "¿Cómo pue¬den escribirse cantos de odio sin odiar?", decía él a Ecker¬mann, "y ¿cómo podría yo odiar a una de las naciones más cultas de la Tierra a la que debo una parte tan grande de mi cultura?" Esta nota que Goethe fue el primero en hacer re¬sonar en el mundo será el punto de partida, espero yo, del internacionalismo futuro. La Crítica aniquilará los prejuicios raciales, insistiendo sobre la unidad del espíritu humano en la variedad de sus formas. Cuando sintamos la tentación de guerrear con otra nación nos recordaremos que eso signifi¬caría querer destruir un elemento de nuestra propia cultura, quizá el principal. Mientras se considere la guerra como nefasta, conservará su fascinación. Cuando se la juzgue vul¬gar, cesará su popularidad. El cambio, desde luego, será lento y las gentes no se darán cuenta de él. No dirán: "No hare¬mos la guerra a Francia porque su prosa es perfecta", sino porque la prosa francesa es perfecta no odiarán a Francia. La crítica intelectual unirá a Europa con lazos más fuertes que los que pudieran forjar el tendero o el sentimental. Nos aportará la paz que nace de la comprensión. Y es más, la crítica no reconoce ningtín principio definitivo y se niega incluso a encadenarse a los fútiles sbibboleths de cualquier secta escuela; es la crítica la que crea ese carácter filosófico se¬reno, que, amante de la verdad por ella misma, ama menos por saberla inalcanzable. ¡Qué raro es un carácter así entre nosotros y cuánta falta nos hace! El espíritu inglés está siempre furioso. El intelecto de la raza se malgasta en dispu¬tas sórdidas y estúpidas o políticos de segunda o entre teó¬logos de tercera fila. Estaba reservado a un hombre de cien¬cia enseñarnos el ejemplo supremo de esa dulce moderación de que habló Arnold tan sabiamente, y ¡ay!, con tan escaso resultado. El autor del Origen de las especies tenía un espíri¬tu filosófico. Viendo las cátedras y las tribunas corrientes de Inglaterra, no puede uno dejar de sentir el desprecio de Ju¬1¡ano al Apóstata o la indiferencia de Montaigne. Estamos dominados por el fanático, cuyo mayor defecto es ser sincero. Todo cuanto concierne al libre ejercicio del espíritu se des¬conoce entre nosotros. Las gentes claman contra el pecador, cuando no es el pecador, sino el estúpido, el representante de nuestra vergüenza. No hay pecado más grave que el de la tontería.

ERNEST.- ¡Cómo se contradice usted!

GILBERT.- El crítico y a la vez artista, como el místico, es siempre un ser contradictorio. Ser bueno conforme al patrón vulgar de bondad es muy fácil. Basta para ello con cierta cantidad de cobardía sórdida, cierta falta de imaginación y cierta pasión vil por la respetabílity de la clase media. La Es¬tética es más sublime que la Política, pertenece a una esfera más espiritual. En realidad, la Estética y la Ética son la misma cosa, en la esfera de la civilización consciente, lo que es, en la esfera del mundo exterior, la selección sexual a la selección natural. La Ética, lo mismo que la selección natural hace posible la existencia. La Estética, igual que la selección sexual, hace la vida seductora y maravillosa, la llena de formas nuevas de progreso, de variedad y renovación. Y cuando alcanzamos la verdadera cultura que es nuestra finalidad, alcanzamos esa perfección con que soñaban los santos, la perfección de aquellos a quienes es imposible pecar no por las renuncia¬ciones del asceta, sino porque pueden hacer todo cuanto desean sin herir el alma ya que no pueden querer nada que la dañe. Porque el alma, esa entidad divina, puede transformar en elementos de una más amplia experiencia, o de un nuevo modo de pensamientos, actos o pasiones que serían vulgares en la gente vulgar, innobles en la gente sin educación, o viles en la gente sin pudor. ¿Es peligroso esto? ¡Sí! Todas las ideas lo son, como le he dicho. Pero la noche se consume y la luz vacila en la lámpara. No puedo, sin embargo, dejar de decir algo todavía. Ha acusado usted a la crítica de ser estéril. El siglo diecinueve es un recodo de la Historia, sencillamente a causa de la obra de dos hombres: Darwin y Renán, crítico de la Naturaleza el uno, y crítico de los Libros de Dios el otro. Desconocerlos sería no comprender la significación de una de las eras más importantes en la marcha del mundo. La Crea¬ción va siempre por detrás de la época. En realidad nuestra guía es la Crítica. El Espíritu de la Crítica y el Espíritu Uni¬versal forman las dos partes de un todo.

ERNEST.- Entonces, el que posee ese espíritu o está poseído por él, no hará nada...

GILBERT.- Es igual que la Perséfona evocada en el relato de Landor, dulce y pensativa, cuyos blancos pies están rodeados de asfódelos y de amarantos en flor, permanecerá, satisfecho, "en esa inmovilidad profunda y relajadora, que los mortales subestiman y sólo gozan los dioses". Paseará su mirada, contemplando intensamente el inundo hasta llegar a conocer su secreto. El contacto con lo divino lo divinizará. Y así tan sólo él alcanzará un modo de vivir perfecto.

ERNEST.- Usted ha hablado esta noche de cosas muy extrañas, querido Gilbert. Me ha dicho usted que es más difícil hablar de una cosa que hacerla, y que no hacer absolutamente nada es lo más difícil que hay en el mundo; me ha dicho usted que todo arte es inmoral todo pensamiento peligroso; que la crítica es más creadora que la creación misma, y que la crítica más sublime la que revela en la obra de arte lo que el artista no ha puesto en ella; que precisamente porque un hombre no puede hacer una cosa es por lo que es el juez perfecto para ella; y que el verdadero crítico es parcial, falto de sinceridad e ilógico en muchas ocasiones. Amigo mío, creo que usted es un auténtico soñador.

GILBERT.- Sí, lo admito. Soy un soñador. Porque sólo el que sueña puede hallar su camino bajo la luz de la luna y, como castigo, ve la aurora antes que el resto de los mortales.

ERNEST- ¿Como castigo?

GILBERT.- Sí, y también como recompensa. Pero mire; ya despunta un nuevo día. Abra la ventana de par en par. ¡Qué fresco es el aire de Piccadilly! La ciudad se extiende a nuestros pies como una cinta plateada. Una ligera niebla rojiza flota por encima del Parque y rojizas son las sombras que distor¬sionan la visión de las casas blancas. Es demasiado tarde para irse a dormir. Bajemos hasta Covent-Garden para ver de cerca las rosas. ¡Vamos! Su mente necesita descansar un rato.

La verdad sobre las máscaras

Apuntes sobre la ilusión

Al ser atacada con violencia la genial postura escénica que caracteriza actualmente las reposiciones shakespearianas en Inglaterra, los críticos parecen suponer tácitamente que Shakespeare era más o menos indiferente a los trajes de sus actores, y que si pudiesen contemplar las representaciones de Antonio y Cleopatra de Mrs. Langtry, diría probablemente que la obra, y sólo la obra, es esencial, y que todo el resto no es más que piel y ropa. También, a propósito de la exactitud histórica en la indumentaria, lord Lytton decía en un artículo la Nineteenth Century, como dogma artístico, que la arqueología se encuentra totalmente fuera de lugar en la representación de cualquier obra de Shakespeare, y que intentar destacarla era una de las pedanterías más estúpidas propias de una época de sabihondos.

Más tarde estudiaré la situación en que se pone lord Lytton; pero en lo concerniente al rumor de que Shakespeare no se ocupaba en absoluto del vestuario de su teatro, cualquiera puede comprobar, si estudia atentamente el método de este autor, que ninguno de los dramaturgos franceses, ingleses o atenienses se preocupaban tanto como él de la indumentaria de sus actores y de sus efectos ilusionistas.

Como él sabía perfectamente que la belleza del traje fascina siempre a los temperamentos artísticos, introduce continuamente en sus obras danzas y máscaras, sólo por el placer que proporcionan a la vista; y se conservan aún sus indicaciones escénicas para las tres grandes procesiones de su drama Enrique VIII, indicaciones caracterizadas por una extraordinaria minuciosidad de detalles que se refieren incluso a los collares del rey y a las perlas que lleva Ana Bolena en sus cabellos. Nada sería más fácil a un director de escena moderno que reproducir esos ornamentos tal como Shakespeare los menciona; y eran tan exactos, que uno de los funcionarios de la Corte de aquella época, refiriendo en una carta a un amigo suyo la última representación de la obra en el teatro del Globo, se queja de su carácter realista y, sobre todo, de la aparición en escena de los caballeros de la jarretera, con los trajes e insignias de esa Orden, cosa que tenía que poner en ridículo la ceremonia, auténtica. Lo cual se parece mucho al criterio que sustentaba el Gobierno francés y que lo llevó, hace tiempo, a prohibir al delicioso actor Christian que apareciese en escena de uniforme, con el pretexto de que podía ser negativo para la gloria del

Ejército.

Además, la suntuosidad de la indumentaria que distinguió a la escena inglesa bajo una influencia claramente shakespeariana ha sido atacada por los críticos modernos, pero no en general, a causa de las tendencias democráticas del realismo, sino casi siempre en ese terreno de la moralidad, que es siempre la salida de emergencia de aquellos que no poseen el menor sentido de la estética.

Sin embargo, me gustaría insistir sobre este punto; no es que Shakespeare apreciase el valor de los bellos trajes por la parte pintoresca que añaden a la poesía, sino que comprendió su gran importancia como medio de producir ciertos efectos dramáticos. Muchas de sus obras, tales como Medida por medida, La duodécima noche, Los dos caballeros de Verona, Bien está lo que bien acaba, Cimbelino y otras, dependen, en cuanto a fuerza ilusionista, del carácter de los diversos trajes que llevaban el héroe o la heroína. La escena exquisita de Enrique VI sobre los milagros modernos de la curación gracias a su fe pierde todo el valor si Gloster no viste de negro y carmesí, y el desenlace de Las alegres madres de Windsor está basado en el color del vestido de Ana Page.

En lo referente a los disfraces que Shakespeare empleó, son numerosísimos. Porthumus oculta su pasión bajo un disfraz de aldeano, y Edgard esconde su orgullo bajo los harapos de un idiota. Porcia viste como un abogado, y Rosalind está vestida, "toda ella, como un hombre"; gracias al saco de viaje de Pisanio, Imogenia se transforma en el joven Fidel; Jessica se escapa de casa de su padre disfrazada de muchacho, y Julia peina sus cabellos rubios con caprichosas patillas y se pone calzas y jubón; Enrique VII hace la corte a su dama vestido de pastor, y Romeo, de peregrino. El príncipe Hal y Poins aparecen, en un primer momento, de bandidos, vestidos de bucarán y después, con delantal blanco y justillos de cuero, como mozos de una posada; en cuanto a Falstaff, ¿no es él acaso primero un merodeador, después una vieja, a continuación Herne el cazador y un hatillo de ropa que llevan al lavandero? Los ejemplos de trajes utilizados para dar mayor intensidad al drama no son menos numerosos. Después del asesinato de Duncan, Macbeth aparece con camisa de noche, como si se acabara de despertar. Timón acaba vestido de harapos el papel que comenzó en plena fastuosidad. Ricardo halaga a los ciudadanos de Londres endosando una mala armadura usada, y sólo alcanzar el trono, saltando sobre la sangre, se pasea por las calles con la corona en lo alto de su cabeza, ostentando las órdenes de San Jorge y la Jarretera. El momento culminante de La tempestad se traduce cuando Próspero, despojándose de su traje de mago, envía a buscar su sombrero y su espadín, apareciendo más tarde como el Gran Duque italiano. El fantasma mismo, en Hamlet cambia su vestimenta mística para conseguir diferentes efectos; en cuanto a Julieta, un autor dramático moderno la hubiese dejado probablemente con su sudario y entonces la escena resultaría simplemente pavorosa; pero Shakespeare la adorna con ricos y fastuosos vestidos, cuya magnificencia convierte el sepulcro en "un salón de fiestas, lleno de luz", transformando la tumba en cámara nupcial, proporcionando a Romeo la réplica y el tema de su tirada de versos sobre la belleza triunfante de la muerte.

Hasta los detalles más imperceptibles de la indumentaria, como el color de las medias de un mayordomo, el dibujo del pañuelo de una esposa, las mangas de un joven soldado, los sombreros de una dama elegante, adquieren en manos de Shakespeare una verdadera importancia dramática, y algunos de ellos incluso condicionan la acción de una manera absoluta. Otros muchos dramaturgos han utilizado el traje como medio de expresión directa ante los ojos del espectador del carácter de un personaje desde su entrada en escena, aunque con menos brillantez que lo hizo Shakespeare en el caso del elegante Parolles, cuyo atavío, dicho sea de paso, no puede ser comprendido más que por un arqueólogo. La broma de un amo y su criado, cambiando sus ropas en presencia del público; de unos marineros náufragos, peleándose por el reparto de un lote de magníficos trajes; de un calderero a quien han vestido de duque durante su borrachera, puede ser considerada como una parte de ese gran papel que ha desempeñado el traje en la comedia, desde Aristófanes hasta Mr. Gilbert; pero nadie ha conseguido como Shakespeare, que los menores detalles de la indumentaria y del adorno, una ironía igual de contrastes posean un efecto tan inmediato y tan trágico, una piedad y un patetismo parecidos. Armado de pies a cabeza, el rey muerto se adelanta majestuosamente sobre las murallas de Elsinor, porque las cosas no marchan bien en Dinamarca; el manto judío de Shylock forma parte de la pena que abruma a su temperamento, herido y amargado; Arthur, cuando defiende su vida, no encuentra mejores argumentos que hablar del pañuelo que le ha entregado a Heribert:

Tenéis corazón? Cuando os dolía la cabeza os até a la frente mi pañuelo (el mejor que tenía, bordado para mí por una princesa y no os lo he vuelto a pedir jamás.

La servilleta, manchada de la sangre de Orian pone la primera nota pastoral y nos muestra la hondura sentimental que se oculta bajo el espíritu caprichoso y la charla obstinada de Rosalind.

Sobre mi brazo, la noche última, estaba; le besé, confío en que a mi dueño no le cuente que a él yo sólo beso.

declara Imogenia, bromeando a cerca de la pérdida del brazalete, de camino ya hacia Roma, para robarle la fe su esposo; el principito, al dirigirse a la torre, juguetea con la daga que su tío lleva en la cintura; Duncan envía una sortija a lady Macbeth la misma noche de su asesinato, y el anillo de Porcia convierte la tragedia del mercader en una comedia marital. York, el gran rebelde, muere con una corona de papel en la cabeza. El traje oscuro de Hamlet es una especie de motivo colorista en la obra, como el luto de Jimena en El Cid, y el pasaje más emocionante del discurso de Antonio es la presentación del manto de César:

Aún recuerdo la primera vez que César se lo puso. Fue una noche de verano, en su tienda, la noche de aquel día que venció a los nervianos... Casi hundió su puñal por este sitio, y ved qué desgarrón le hizo el envidioso Casca; y el puñal homicida de su dilecto Bruto por aquí penetró... Qué, buenas almas. ¿Lloráis viendo tan sólo el manto herido de nuestro querido César?

Las flores que lleva consigo Ofelia, en su locura, son tan patéticas como las violetas que florecen sobre su tumba; el efecto que produce la caminata errabunda de Lear por el bosque aumenta lo indecible por su atavío fantástico, y cuando Cloten, herido por el reproche de aquella comparación que hace su hermana con el traje de su esposo, se atavía con aquel mismo traje para cometer sobre ella su vergonzosa acción, sentirnos que no hay nada en todo el realismo francés moderno, nada ni en Teresa Raquin, esa obra maestra terrorífica, que pueda ser comparada, en cuanto a significación terrible y trágica, con esa extraña escena de Cimbelino.

En este diálogo, también algunos de los pasajes más impresionantes están sugeridos por la vestimenta. Rosalind dice:

Crees tú que aun vestida de hombre llevo yo, por mi gusto, justillo y calzas?

Y Constance:

El dolor ocupa el sitio de mi hijo ausente, llenando con su forma sus vestidos, vacíos.

Y el grito agudo de Elizabeth:

¡Ah!¡Cortad mis encajes!

Estos son tan sólo algunos de los numerosos ejemplos que pueden citarse. Uno de los más bellos ejemplos que he visto en escena era el que producía Salvini cuando, en el último acto de El rey Lear arrancando la pluma del sombrero de Kent, la ponía sobre los labios de Cordelia en el siguiente verso:

¡Esta pluma se mueve, vive!

Mister Booth, cuyo Lear tenía tantas nobles cualidades de pasión, arrancaba, lo recuerdo bien, con el un gesto, un poco de pelo a su armiño, arqueológicamente incorrecto. Pero el efecto más bello era el de Salvini, y también el más real. Y los que hayan visto a Mr. Irving en el último acto de Ricardo III no habrá olvidado, estoy convencido, hasta qué punto el sufrimiento y el terror de su sueño aumentaban por contraste con la tranquilidad y la mesura que lo precedían y la dicción de versos como éstos:

Qué, ¿es más cómoda mi visera de lo que era, y mi armadura entera se encuentra ya en mi tienda? Cuida que la madera de mis lanzas sea fuerte y ligera...

palabras que tienen diferentes lecturas para los espectadores; recuerdan, en efecto, las últimas palabras con las cuales la madre de Ricardo le persigue durante su viaje a Basworth:

Que siempre te acompañe mi más fiera maldición, y que pese sobre ti, el día del combate, más que toda tu armadura...

En cuanto a los recursos de que Shakespeare disponía destaquemos que si se queja de la estrechez del escenario en el cual tenía que representar sus grandes obras históricas y de la falta de decoraciones, que le obliga a prescindir de muchas escenas al aire libre, escribe siempre como dramaturgo que dispone de un bien surtido guardarropa y que puede contar con el cuidado minucioso de los actores en caracterizarse perfectamente. Aun hoy día, es difícil representar una obra como La comedia de equivocaciones, y hemos tenido la suerte de ver La duodécima noche, representada como se merece, gracias al pintoresco azar que hizo que el hermano de la actriz miss Ellen Terry se pareciese a ella. Realmente, para poner en escena cualquier obra de Shakespeare tal como él deseaba, hay que contar con un buen director, un hábil peluquero, un sastre dotado del sentido colorista y del dominio de las telas, un entendido en el arte de la caracterización, un profesor de armas, un maestro de baile y, además, con un verdadero artista para dirigir personalmente todo el conjunto.

Porque él nos explica siempre con toda minuciosidad la vestimenta y el aspecto de cada personaje. Racine abhorre la réalité -dice, no sé dónde, Auguste Vacquérie-, il ne daigne pas s occuper de son costume. Si l'on sen rapportait aux indications du poète, Agamennon serait vétu d'un sceptre et Achille d'un eépéc. Pero ¡cuán diferente es Shakespeare! Él nos detalla la descripción de los trajes de Perdita, de Floricel, de Antíloco, de las brujas de Macbeth y del boticario de Romeo y Julieta; nos describe minuciosamente su obeso caballero y el traje extraordinario con el cual debe casarse Petrucio. Rosalind (nos dice) es alta y debe llevar una lanza y una pequeña daga; Celia es más pequeña y debe pintarse la cara oscura para parecer tostada por el sol. Los niños que hacen de hadas en la selva de Windsor deben ir vestidos de blanco y verde (galantería aduladora e indirecta a la reina Elizabeth, por ser esos sus colores predilectos), y de blanco los ángeles que se van hacia Catherine, en Kimbolton, llevando guirnaldas verdes y viseras doradas. Bottom va vestido descuidadamente; Lysander se distingue de Oberon por el traje ateniense del primero, y Launce tiene el calzado agujereado. La duquesa de Gloucester aparece en pie con un sudario blanco, y su esposo está a su lado vestido de luto. El traje abigarrado del bufón y el de color escarlata del cardenal con los lises de Francia bordados sobre las cotas inglesas dan pie a bromas y sarcasmos durante el diálogo. Nos facilita información sobre los dibujos de la armadura del Delfín y de la espada de la Doncella, sobre la cimera del casco de Warwick y sobre el color de la nariz de Bardolfo. Los cabellos de Porcia son rubio oro; Febea es morena; Orlando tiene rizos castaños y la cabellera de sir Andrew Aguecheek cuelga como lino sobre una rueca totalmente vacía. Algunos personajes son fuertes; otros, enclenques; los hay deformes y esbeltos; unos, rubios; otros, morenos, y hay que necesitan pintarse la cara de color oscuro. Lear tiene un barba blanca, la del padre de Hamlet es gris, mientras que la de Benidict debe ser rasurada en el transcurso de la obra. Shakespeare, precisamente, es muy estricto en lo referente a las barbas; nos habla de los diferentes colores que usan y da consejos a los actores para que las suyas estén perfectamente sostenidas... Se representa, en una escena, una danza de segadores con sombreros de centeno, y otra de aldeanos con trajes que los hacen peludos como sátiros; una máscara de Amazona de rusos y otra clásica; varias escenas inmortales sobre un tejedor con cabeza de asno; un motín ocasionado por el color de un traje, que tiene que el lord mayor de Londres es el responsable de sofocarlo, y una escena entre un esposo furioso y el sastre de su mujer a propósito de unas mangas que han sido recortadas.

En lo referente a las metáforas y aforismos que a Shakespeare le sugiere el traje, a los continuos ataques contra la modas de su época, y más concretamente contra el ridículo tamaño de los gorros femeniles; al sinfín de descripciones del mundos muliebris, desde la canción de Antíoco, en el Cuento de invierno, hasta la descripción del vestido de la duquesa de Milán, en Mucho ruido para nada, su número es casi infinito. Sin embargo, convendría recordar que la filosofía del traje se encuentra toda ella en la escena de Lear con Edgard; escena que cuenta con la ventaja de la brevedad y del estilo sobre la sabiduría grotesca y la metafísica un tanto declamatoria de Sartor Resartus. Pero de todo lo dicho hasta ahora se desprende de modo diáfano, a mi parecer, el gran interés que muestra Shakespeare por la indumentaria. No pretendo yo que se interesara en este sentido superficial que ha hecho que se le mirase, por su conocimiento de las escrituras notariales y de los narcisos, como al Blackstone y al Paxton de la época de Isabel, sino que para él, el traje tenía que provocar un efecto inmediato sobre el público, expresando el carácter de ciertos personajes y constituyendo uno de los medios esenciales de que dispone un verdadero ilusionista. Para él, en efecto, el feo rostro de Ricardo tenía el mismo valor que la belleza de Julieta; coloca la sarga del proletario al lado de la seda del señor, y sólo ve los efectos escénicos que pueden sacarse de una y de la otra; se interesa lo mismo por Calibán que por Ariel, por unos andrajos que por unos atavíos deslumbrantes, y sabe reconocer la belleza artística de la fealdad.

Una de las dificultades con que se encontró Ducis en la traducción de Otelo fue debida a la importancia concedida a un objeto tan vulgar como un pañuelo y el intentar enfatizar el valor de aquel detalle prosaico que hace repetir al moro: Le bandeau! Le bandeau, podría servir como ejemplo para mostrar la diferencia entre la tragédie philosophique y el drama de la vida real; la introducción por primera vez de la palabra mouchoir en el teatro francés marcó una fecha en aquel movimiento romántico-realista, del que V Hugo es el padre y Zola el enfant terrible, de igual manera que el clasicismo de comienzos del siglo XIX se acentuó con la actitud de Talma, negándose a representar nunca más a los héroes griegos con sus pelucas empolvadas, uno de los muchos ejemplos de ese afán por la exactitud arqueológica del traje que distingue a los grandes actores modernos.

Cuando se critica el valor desmesurado del dinero en La comédie humaine, Théophile Gautier proclama que puede considerarse a Balzac el inventor de un nuevo héroe de ficción, como es el héroe metálico. De Shakespeare puede decirse que fue el primero en entender realmente el valor dramático de los jubones y el efecto fulminante que puede llegar a provocar una crinolina.

El lamentable incendio del teatro del Globo, acontecimiento debido, dicho sea de paso, a ese entusiasmo por la ilusión escénica que distinguía la dirección de Shakespeare, por desgracia, nos ha despojado, de un número de documentos importantes; pero en el inventario, que todavía existe, del guardarropa de un teatro en Londres coetáneo de Shakespeare, se hace mención de trajes especiales para cardenales, pastores, reyes, payasos, frailes y bufones; cotas verdes para los hombres de Robin Hood y un vestido verde para lady Marian; un jubón blanco y dorado para Enrique V y un traje para Longshanks, y, además, sobrepellices, capas, vestidos de damasco y de tisú de plata y oro, ropajes de tafetán y de calicot, vestidos de terciopelo, de raso y de ratina, justacores de cuero amarillo y negro, trajes rojos, grises, de Pierrot francés, un traje para "ser invisible", que por tres libras y diez chelines no parece tan caro, y cuatro incomparables verdugados. Todos ellos demuestran el gran afán por dar a cada personaje una vestimenta apropiada. También se hacen referencia, en este inventario, a trajes moriscos y daneses, cascos, lanzas, escudos pintados, coronas imperiales y tiaras papales, así como a trajes de jenízaros turcos, para senadores romanos y para las distintas divinidades olímpicas, lo cual demuestra que el director del teatro se preocupaba por exactitud arqueológica. También se habla de un corsé para Eva; pero, sin duda, la donnée de la obra se desarrollaba después de la Caída.

Es claro, que si alguien examina la época de Shakespeare podrá observar sin dificultad que la arqueología fue uno de sus rasgos característicos. Después de aquella resurrección de las formas arquitectónicas clásicas, que fue uno de los signos del Renacimiento, y de la impresión en Venecia de las obras maestras de la literatura griega y latina sobrevino, naturalmente, un gran interés por la decoración y el traje del mundo antiguo; por el gusto clásico en general.

Los que se dedicaban al Arte los estudiaban, y no sólo por lo que aprendían de ellos, sino también por la belleza que esos dos elementos podían crear. Los objetos curiosos que aparecían constantemente gracias a las excavaciones no se convertían en polvo en un Museo, ante la mirada de un director embotado y el ennui de un guardia que bosteza, inactivo, a falta de crímenes. Servían de motivo para un nuevo arte que además de bello, era extraño.

Nos cuenta Infessura que en 1485 fue encontrado por unos obreros que cavaban en la Via Apia, un antiguo sarcófago romano con esta inscripción: "Julia, hija de Claudio." Al abrir el sepulcro, encontraron entre sus paredes de mármol el cuerpo de una bella muchacha de unos quince años, bien conservado gracias a un embalsamamiento ciertamente hábil. Sus ajos estaban entreabiertos; su cabellera, ondulada enmarcaba su rostro en bucles dorados, y la flor de la pura juventud no había desaparecido aún de sus labios ni de sus mejillas. Una vez la llevaron al Capitolio, se convirtió enseguida en objeto de un nuevo culto, y de todos los rincones de la ciudad acudieron en masa los peregrinos para adorar aquel relicario maravilloso, hasta que el Papa, temeroso de que los que habían encontrado el secreto de la belleza en una tumba pagana se olvidasen entonces del secreto que contenía el sepulcro rudamente tallado en la roca de Judea, hizo transportar lejos y quemar secretamente el hermoso cuerpo. Aunque se trate de una leyenda esta historia sirve, al menos, para mostrarnos la actitud del Renacimiento frente al mundo antiguo. La arqueología no era para ellos ninguna ciencia de anticuarios, si no un medio de devolver al polvo seco de la antigüedad el soplo y la gracia de la vida misma y de llenar con vino nuevo del romanticismo formas que hubiesen sido, en otra situación, viejas y decrépitas. Desde la cátedra de Nicolás Pisano hasta El triunfo de César, de Mantegna, y la vajilla que dibujó Cellini para el rey Francisco, puede seguirse paso a paso la influencia de dicho espíritu; no se limitaba solamente a las artes inmóviles (las arte de movimiento estático), sino que su influencia se observaba también en las grandes mascaradas grecorromanas, diversión constante de las procesiones, a través de las cuales los habitantes de las grandes ciudades comerciales acogían a sus visitantes principescos; espectáculos, bien está decirlo, a los que se concedía tanta importancia, que eran reproducidos en grandes estampas y publicados, lo cual demuestra claramente el interés general que despertaban entonces todo esto.

Y en cuanto a ese uso artístico de la arqueología en los espectáculos, debe decirse que, lejos de provenir de una excesiva pedantería, es legítima y bella. Pues la escena es, no sólo lugar de reunión de todas las artes, sino también el regreso del arte a la vida. A veces, en una novela arqueológica, el empleo de términos desconocidos y caídos en desuso, parece ocultar la realidad bajo la sabiduría y me atrevo a decir que una gran parte de los lectores de Nuestra Señora de París se encuentran en gran dificultad para entender el verdadero sentido de algunas palabras, como la casaque á mahoitres, los craaquiniers, los voulgiers y otros parecidos. Pero ¡qué diferentes eran en la escena! El mundo antiguo se despierta de su eterno letargo, y la Historia se desarrolla como un espectáculo ante nuestros ojos sin obligarnos a recurrir a un diccionario o a una enciclopedia para que nuestro placer sea perfecto. No es realmente imprescindible que el público conozca las autoridades que dirigen la presentación escénica de ninguna obra. Con materiales que son probablemente muy poco familiares para la mayoría de las personas, tales como el disco de Teodoro por ejemplo, Mr. E. W Godwin, uno de los espíritus más artistas de Inglaterra en este siglo, ha creado la belleza maravillosa del primer acto de Claudio y nos ha mostrado la vida de Bizancio en el siglo IV mediante de una gran conferencia lúgubre y de un montón de figulinas desnegridas, no con una novela que necesitase un glosario, sino resucitando de un modo visible todo el esplendor de aquella gran ciudad. Y mientras los trajes eran auténticos hasta en sus menores detalles de color y de dibujo, no se les concedía, sin embargo, la extremada importancia que hay que prestarles en una conferencia fragmentaria, sino que quedaban supeditados a las reglas de la composición sostenida y a la unidad del efecto artístico.

Reflexionando sobre ese gran cuadro de Mantegna que se halla actualmente en Hampton Court, míster Symonds dice que el artista ha convertido el motivo de un anticuario en un tema para melodías de líneas. Con absoluta justicia, diríamos lo mismo de la postura escénica de Mr. Godwin. Únicamente un necio o alguien que no sabe ni mirar ni escuchar osaría tacharla de pedante o decir que la pasión de una obra es aniquilada por su colorido. Era, en realidad, una postura escénica no sólo perfecta en su aspecto más pintoresco, sino también dramático, que vuelve inútiles las descripciones tediosas y que nos muestra, a través del color y del carácter de la túnica de Claudio y de las de su séquito, la naturaleza y la vida entera del hombre: lo mismo la escuela filosófica, a la cual estaba adscrito, que los caballos que aparecían en el circo.

Y, claro está, la arqueología ofrece sólo encanto cuando se la convierte en una forma de arte. Sin intención de despreciar los servicios de los eruditos trabajadores; creo que el uso que hace Keats del diccionario de Lemprière es para nosotros mucho más valioso que el trabajo del profesor Müller al tratar a la mitología como una enfermedad del lenguaje. Preferible es Endirnión que cualquier teoría, sensata, o, como en este caso ¡falsa y consistente en una epidemia entre adjetivos! Y ¿quién no entiende que el mayor acierto del libro de Piranesi sobre Anforas está en haber sugerido a Keats su Oda a una urna griega? El arte y, sólo el arte, otorga belleza a la arqueología; y el arte teatral puede hacer uso de ella de manera más directa, más viva, porque puede combinar, en una exquisita representación, la ilusión de la vida real y la maravilla del mundo imaginario. Pero el siglo XVI no fue tan sólo la época de Vitrurius, sino también la de Vecellio. Cada país parece interesarse de pronto por los trajes de sus pueblos vecinos. Europa se puso a estudiar su indumentaria, y el número de libros publicados entonces sobre los trajes nacionales es extraordinario. A comienzos de aquel siglo la Crónica de Nuremberg, con sus dos mil ilustraciones, llegó a editarse hasta cinco veces, y antes de concluir este siglo se tiraron diecisiete ediciones de la Cosmograflia, de Munster. Al mismo tiempo, aparecieron las obras de Michael Colyns, de Hans Weygel, de Ammán y de Vecellio, todas cuidadosamente ilustradas; algunos dibujos de la de Vecellio son, seguramente, obra de Tiziano.

Pero esa ciencia no se adquiría únicamente en libros y tratados. La costumbre, cada vez más de moda, de viajar a tierras extranjeras; el aumento de relaciones internacionales de comercio y la frecuencia de las misiones diplomáticas, proporcionaban a cada nación múltiples ocasiones de estudiar las formas diversas del traje contemporáneo. Cuando se marcharon de Inglaterra, por ejemplo, los embajadores del zar, del sultán y del príncipe de Marruecos, Enrique VIII y sus amigos dieron varias mascaradas con los extraños atavíos de sus visitantes. Más tarde Londres pudo ver, quizá con excesiva frecuencia, el sombrío esplendor de la Corte española, y hasta la gran Elizabeth llegaron enviados de todos los países cuyos trajes, según nos cuenta Shakespeare, influenciaron enormemente sobre los ingleses.

Y este interés no era tan sólo por el traje clásico o por el de los países extranjeros. Se hicieron un sinfín de investigaciones, por la gente de teatro sobre todo, entre los trajes antiguos de la misma Inglaterra, y cuando Shakespeare se lamenta, en el prólogo de una de sus obras, de no poder presentar yelmos de la época, habla como director de escena y no sólo como poeta del tiempo de Elizabeth. En Cambridge, por ejemplo, dieron en aquella época una representación de Ricardo III, en la que los actores aparecieron vestidos con trajes de esa época, tomados de la gran colección de trajes Históricos de la Torre, abierta siempre a los directores de teatro y puesta a veces a su completa disposición. Y no puedo por menos de creer que aquella representación debió de ser mucho más artística, desde el punto de vista del traje, que la que dio Garrick de la obra shakesperiana sobre el mismo tema, y en la que el famoso actor aparecía con un traje muy peculiar de fantasía mientras todos los demás intérpretes lucían un traje propio de la época de Jorge III. Sobre todo Richmond, causó gran admiración con un uniforme de guardia joven.

¿Cuál es, indudablemente, la utilidad escénica de esa arqueología, extraño terror de los críticos, sino única y exclusivamente que es ella y sólo ella la que puede proporcionarnos la arquitectura y el aparato que convengan a la época en que se desarrolle la acción? Gracias a ella podemos ver a un griego vestido como los griegos de verdad y a un italiano como a un italiano auténtico, gracias a ello gozamos de las arcadas venecianas y de los balcones de Verona, y si la obra se refiere a alguno de las grandes eras de la historia de nuestro país, se nos da la posibilidad de contemplar esa época bajo su verdadero adorno y al rey bajo el traje que llevaba en la vida real; y, de paso, me pregunto qué hubiese dicho lord Lytton hace algún tiempo en el Princess Theatre si el telón se hubiese levantado sobre la obra Brutus, de su padre, y el personaje principal apareciera descansando ¡sobre una silla del tiempo de la reina Ana, cubierto con un peluca flotante y vestido con un batín rameado, traje considerado en el último siglo como especialmente apropiado para un romano de la antigüedad!

Ya que en aquellos tranquilos días del drama ninguna arqueología tornaba la escena ni desconsolaba a los críticos, y nuestros antepasados, en absoluto artistas, estaban tranquilos en medio de una sofocante atmósfera de anacronismos y contemplaban, con el santo agrado de la edad prosaica, un Yaquimo empolvado y con lunares, un Lear con puños de encaje y una lady Macbeth con enorme crinolina. Debo admitir que ese ataque a la arqueología por su extremo realismo; pero atacarla por ser pedante me parece completamente erróneo. Además, atacarla por cualquier razón es una necedad; es lo mismo que hablar del Ecuador sin ningún respeto. La arqueología, como ciencia, no es ni buena ni mala; existe y punto. Su valor depende totalmente de cómo se emplee, y este uso es responsabilidad del artista y sólo de él. Hablamos al arqueólogo de materiales y al artista del método.

En el momento de pintar las decoraciones y los trajes de cualquier obra de Shakespeare el artista debe, ante todo, establecer la época que conviene al drama. Ésta debe ser determinada por el espíritu general de la obra más que por las alusiones históricas que puedan existir en ella. La mayoría de los Hamlet que he visto estaban situados en una época demasiado antigua.

Hamlet es esencialmente un discípulo del Renacimiento de la Sabiduría, y si la alusión que figura en la obra a la invasión reciente de Inglaterra por los daneses la retrotrae al siglo IX, el uso de los floretes, en cambio, la sitúa en una fecha mucho más reciente. Sea como fuere, una vez fijada la fecha, el arqueólogo debe proporcionarnos los hechos que el artista ha de transformar en efectos.

Sobre los anacronismos de sus obras se ha dicho que demuestran que Shakespeare desdeñaba la exactitud histórica y se ha dado una gran importancia a la errónea cita de Aristóteles, hecha por Héctor. Por otra parte, los anacronismos son, en realidad, escasos y poco importantes, y si hubiesen llamado la atención de Shakespeare sobre ellos, los hubiera corregido, probablemente. Pues si no pueden llamarse baldones, no constituyen, ciertamente, las grandes bellezas de su obra, o, si acaso las constituyen, su encanto anacrónico no puede subrayarse mientras la obra no se represente con exactitud y de acuerdo con la fecha apropiada. Si estudiamos las obras de Shakespeare en su conjunto, lo más notable es su extraordinaria fidelidad para con los personajes y las tramas intrigantes. Una gran parte de sus dramatis persone son gentes que existieron en el mundo real: algunos de ellos podían perfectamente, haber sido vistos en vida por alguien del público. Y, es cierto que el ataque más violento que se llevó contra Shakespeare en su tiempo tuvo como origen su pretendida caricatura de lord Cobham. En cuanto a sus argumentos, Shakespeare los extrae casi siempre de la historia real o bien de las antiguas baladas y tradiciones que servían de historia al público del tiempo de Isabel y que ningún historiador ni científico moderno descartaría por creerlas totalmente falsas. Y no solamente escogía el hecho en lugar de la fantasía como base de una gran parte de sus obras imaginativas, sino que daba siempre a cada obra el carácter general, "el ambiente social", en una palabra, de la época que se trataba. Al reconocer que la estupidez es uno de los rasgos característicos permanentes de toda civilización europea, no ve la diferencia entre el populacho londinense de su época y el populacho romano de los antiguos tiempos paganos, entre un necio guardián de Mesina y un necio juez de paz de Windsor. Sin embargo, cuando trata a personajes elevados, de esas excepciones que existen en cualquier época, tan admirables que se convierten en modelos de ella, les confiere la marca y el sello distintivo de su tiempo. Virgilia es de esas esposas romanas sobre cuyo sepulcro se leía esta inscripción: Domini mansit, lanam fecit, tan real como Julieta representa la muchacha romántica del Renacimiento. Observa la misma veracidad con las características raciales. Hamlet posee toda la imaginación y toda la indecisión de los pueblos del Norte, y la princesa Catalina es tan francesa como la heroína de Divorçons. Enrique V es un inglés auténtico, y Otelo, un verdadero moro.

Y en el momento en que Shakespeare trata la historia de Inglaterra, desde el siglo XIV hasta el siglo XVI, pone especial atención a la perfecta exactitud de sus hechos: sigue, en efecto, a Holinshed con una curiosa fidelidad. Describe las guerras incesantes entre Francia e Inglaterra con una extraordinaria precisión, llega hasta dar los nombres de las ciudades sitiadas, los puertos de desembarco y embarco, las fechas y lugares de las batallas, los títulos de los comandantes de ambos países y la lista de los muertos y heridos. A propósito de las guerras civiles entre las Facciones de las Rosas, nos transcribe minuciosamente las numerosas genealogías de los siete hijos de Eduardo III; discute ampliamente las pretensiones al trono de las Casas rivales de York y Lancaster, y si los nobles ingleses no leen al Shakespeare poeta, debían leerlo, como una especie de Guía de la Pairía precursora. No existe, posiblemente, ni un solo título en la Alta Cámara, exceptuando, eso sí, aquellos títulos poco importantes adoptados por los lores legisladores, que no aparezca en Shakespeare con numerosos detalles de su génesis familiar, dignos o no de credibilidad. Si es realmente necesario que los niños de las escuelas conozcan a fondo las guerras de las Rosas, podrían

aprender sus lecciones tan perfectamente en Shakespeare como en sus textos escolares de un chelín, y, además, no necesito decirlo, de una manera mucho más agradable. Hasta en tiempo de Shakespeare se reconocía esa ventaja a sus obras: "Las obras históricas enseñan historia a los que no pueden leerla en las crónicas", dice Heywood en un tratado sobre el teatro; y, sin embargo, vivo convencido de que las crónicas del XVI eran de una lectura mucho más amena que la de los libros de clase del XIX.

Estéticamente, el valor de las obras shakespearianas no depende, naturalmente, en modo alguno de los hechos que le sirven de asunto, sino de su verdad, y la Verdad corre siempre al margen de los hechos, que ella inventa o escoge a su antojo. Pero el empleo de los hechos como hace Shakespeare constituye una parte interesantísima de su método de trabajo y nos muestra su actitud en relación con la escena y con el gran arte de la ilusión. Se hubiese él quedado sorprendido al ver sus obras entendidas como "cuentos de hadas", como hace lord Lytton, pues uno de los objetivos que él perseguía era crear para Inglaterra un drama histórico nacional que tratase de incidentes familiares para que el público se sintiera identificado y de héroes que viviesen en la memoria del pueblo. El patriotismo no es una cualidad artística necesaria, claro está, pero para el artista significa la sustitución de un sentimiento universal por un sentimiento individual, y para el público la presentación de una obra de arte bajo una forma más atractiva y popular. Es digno de observarse que tanto el primero como el último éxito de Shakespeare fueron conseguidos con obras históricas.

Alguien podría preguntarse qué relación guarda eso con la actitud de Shakespeare para con la indumentaria. Y respondería que un dramaturgo que concedía tanta importancia a la exactitud histórica del hecho, debía acoger la exactitud histórica de la indumentaria como un accesorio importantísimo de su método ilusionista. Y no vacilo en asegurar que así fue. La alusión a los cascos de la época, en el prólogo de Enrique V, puede considerarse como fantástica, aunque Shakespeare debía ver con frecuencia

el casco mismo que en Agincourt aterraba el aire,

allí, donde aún cuelga, en las espesas tinieblas de la Abadía de Westminster, junto a la silla de aquel diablillo de la fama y del escudo abollado, guarnecido de un terciopelo azul hecho jirones, con sus lises de oro descolorido; pero el uso de cotas militares en Enrique VI es pura arqueología, pues no se llevaban en el siglo XVI, y la propia cota del rey, con toda seguridad, estaba aún suspendida sobre su tumba en tiempo de Shakespeare, concretamente en la capilla de Saint George, de Windsor. Porque hasta la época del desgraciado triunfo de los filisteos, en 1645, las capillas y las catedrales de Inglaterra eran los grandes museos nacionales de arqueología, y en ellas se guardaban las armaduras y los trajes de los héroes de la historia del pueblo inglés.

Sin embargo, muchas se conservaban en la Torre, y aun en tiempo de Isabel venían los viajeros para ver las curiosas reliquias del pasado, como la enorme lanza de Charles Brandon, que causa todavía, según he oído decir, la admiración de aquellos que vienen de la provincia; pero las catedrales y las iglesias eran elegidas, por norma general, para dar cobijo todas las antigüedades históricas. Canterbury conserva aún el yelmo del Príncipe Negro; Westminster, los trajes de nuestros reyes, y el propio Richmond colgó en la vieja catedral de Saint Paul la bandera que ondeó sobre el campo de batalla de Bosworth.

Es decir: allí donde fuese, Shakespeare veía en Londres a su alrededor los trajes y los accesorios de las épocas anteriores a la suya, y es indudable que ha sabido sacar partido de ello. El empleo de la lanza y del escudo en el combate, por ejemplo, tan frecuente en sus obras, está tomado de la arqueología y no del atavío militar de su época; y el uso que hace él generalmente de la armadura para la batalla no era un rasgo característica de su tiempo, en que las armaduras desaparecían rápidamente ante las armas de fuego. Por otro lado, la cimera del casco de Warwick, a la que se da tanta importancia en Enrique VI, resulta muy correcta, en una obra cuya acción se desarrollaba en el siglo XVI, en el que normalmente se llevaban cimeras, pero no hubiese resultado así en una obra que se desarrollase en la época de Shakespeare, cuando lo que se llevaba sobre todo eran las plumas y los penachos, moda (según nos refiere él mismo en Enrique VIII) importada de Francia. Podemos, pues, tener la seguridad de que se empleaba la arqueología para las obras históricas, y estoy convencido de que ocurría lo mismo con las otras. La representación de Júpiter sobre su águila, con el rayo en la mano; de Juno con sus pavos reales y de Iris con su arco multicolor; la máscara de las Amazonas, y las de las cinco ilustres brujas, todas pueden ser consideradas como arqueológicas. Y la aparición de Póstumo en la prisión de Sicilius Leonatus ("un anciano vestido de guerrero, conduciendo a una matrona antigua"), está también clara. He hablado ya del "traje ateniense" que sirve para diferenciar a Lysander de Oberón; pero uno de los ejemplos más convincentes es el de Coriolano, cuyo traje, Shakespeare halló en Plutarco, directamente.

En sus Vidas paralelas, este historiador también habla de la guirnalda de hojas de encina con la que fue coronado Cayo Marcio, y del curioso atavío con el cual tuvo, siguiendo una antigua costumbre, que solicitar el voto de sus electores; acerca de estos dos puntos entra en largas reflexiones sobre el origen de la significación de las viejas costumbres. Shakespeare, como auténtico artista que es, acepta, los hechos de los arqueólogos y los convierte en efectos dramáticos y pintorescos; realmente el traje de la humildad, el "traje de lana", como Shakespeare le llama, es el motivo principal de la obra. Podrían citarse otros casos; pero éste basta para demostrar que al poner en escena una obra con los trajes característicos de la época que se quiere representar, de acuerdo con las mejores autoridades en la materia, nos identificamos con los deseos y el método shakespeariano.

Y aunque fuese de otro modo, existen las mismas razones para continuar las imperfecciones que se supone caracterizaron la postura escénica de Shakespeare, que para repartir el papel de Julieta a un hombre o para abandonar los ventajosos cambios de decoración modernos. Una gran obra de arte dramática no debe limitarse a expresar la pasión moderna únicamente mediante su autor, sino que debe estar presentada lo más convenientemente posible para el espíritu moderno. Racine hizo que se representaran sus obras romanas con trajes tipo Luis XIV y en un escenario lleno de espectadores; pero nosotros encontramos imprescindibles otros requisitos para gozar de su arte. La perfecta exactitud en los detalles, para producir la ilusión perfecta, es absolutamente necesaria. Por supuesto que los detalles no deben usurpar el papel protagonista, sino estar subordinados al asunto general de la obra. Pero estar subordinado al arte no significa subestimar a la verdad, sino simplemente transformar los hechos en efectos, dando a cada detalle el valor que se merece.

"Los sutiles detalles de historia y de vida doméstica -dice Víctor Hugo- deben ser estudiados con minuciosidad y ser reproducidos por el poeta, pero únicamente como modelos para aumentar la realidad del conjunto y para hacer penetrar hasta los rincones más oscuros de la obra esa vida general y potente, en medio de la cual resultan los personajes más verosímiles, y las catástrofes, en consecuencia, más conmovedoras. Todo debe estar supeditado a ese objetivo. El hombre, en primer lugar; el resto, detrás."

Es realmente interesante este párrafo, por pertenecer al primer gran dramaturgo francés que empleó la arqueología en la escena, y cuyas obras, aunque absolutamente correctas en sus detalles, son conocidas de todos por su pasión y no por su pedantería, por su vitalidad y no por su ciencia. Verdad es que hizo ciertas correcciones cuando se trataba del empleo de términos curiosos o extraños. Ruy Blas habla de Priego como de un siervo al rey en lugar de un noble del rey, y Angelo Malipieri habla de la "cruz roja", en vez de "la cruz de gueules". Pero son esas concesiones hechas al público, o, mejor dicho, a cierta parte del público. "Presento aquí todas mis excusas a los espectadores inteligentes -dice en una nota de una de sus obras-; debemos confiar en que algún día un señor veneciano podrá referirse tranquilamente, sin peligro, a su blasón en el teatro. Se trata de un progreso que llegará algún día. Y aunque la descripción del escudo de armas no está redactada del todo exactamente, sí que goza el escudo mismo de una escrupulosa exactitud. Puede objetarse, claro está, que el público no advierte esos detalles; pero conviene recordar que el arte no tiene más fin que perfeccionarse él mismo, que sólo funciona de acuerdo con sus propias leyes y que Hamlet elogia la obra que le parece, sin que resulte por eso "caviar para el vulgo".

Además, el público, al menos el inglés, ha cambiado. Ahora aprecia la belleza mucho más que antes y aunque no esté familiarizado con las autoridades y las fechas arqueológicas de lo que le muestran, siente, sin embargo, el encanto del espectáculo que se está representando. Y eso es lo que cuenta en realidad. Es preferible recrearse ante la visión de una rosa que colocar su raíz bajo un microscopio y examinarla de cerca.

La exactitud arqueológica es, simplemente, un requisito para la ilusión escénica y no su cualidad esencial. Y lord Lytton, en su afán de que los trajes sean sencillamente bellos, y no exactos, desconoce la naturaleza del traje y su valor artístico en la escena. Este valor es pintoresco y dramático a la vez; el primero depende del colorido del traje; el segundo, de su dibujo y de su carácter. Pero estos dos valores se mezclan hasta el punto que cada vez que la exactitud histórica ha sido desdeñada en nuestro tiempo, Utilizando indumentos de diferentes épocas, el resultado ha sido que la escena se convirtió en un caos de trajes, en una caricatura de los distintos siglos, en un caprichoso baile de Carnaval, con el total y absoluto aniquilamiento de todo efecto dramático y pintoresco. Ya que los vestidos de una época no coinciden artísticamente con los de otra, y desde el punto de vista dramático, embrollar los trajes es embrollar la obra también. El traje constituye un producto, una evolución y un signo importante, el que más, diría yo, de las costumbres, de los modos y de los géneros de vida de cada siglo. La aversión puritana por el color, el adorno y la gracia en el traje fue uno de los motivos que generó la gran rebelión de las clases medias contra la belleza, en el siglo XVII. Un historiador que lo pase por alto, hará un cuadro inexacto de esa época, y un dramaturgo que no lo utilice, perderá un elemento esencial para alcanzar una verdadera ilusión. La moda afeminada en el vestir, que caracterizó el reinado de Ricardo II, fue un tema muy recurrente para los autores de entonces. Shakespeare, dos siglos más tarde, da en su obra una gran importancia al gusto apasionado del rey por los trajes alegres y las modas extranjeras, reflejados en los reproches de Juan de Gante, por ejemplo, y en el discurso mismo de Ricardo, del acto tercero, sobre su destronamiento. Y estoy seguro de que Shakespeare examinó la tumba de Ricardo en la Abadía de Westminster, por los versos que recita el duque de York:

Mira, mira: el propio rey Ricardo aparece, como aparece airado y enrojecido el sol del Oriente, en el pórtico incendiado, cuando ve que las nubes envidiosas quieren su gloria oscurecer.

Ya que aún podemos distinguir sobre el regio atavío su símbolo favorito: el sol saliendo de una nube. En resumen: en cada época las condiciones sociales encuentran tales y tan bien escogidos ejemplos en el traje, que representar una obra del siglo XVI con trajes del siglo XIV, o viceversa, haría que la acción apareciese desprovista de verosimilitud al faltarle totalmente la exactitud histórica. Y por bella que sea como efecto escénico, la más alta belleza no sólo es compatible con la absoluta exactitud del detalle, sino que depende exclusivamente de ésta. Inventar un traje enteramente nuevo es casi imposible, salvo en lo burlesco o extravagante, y en cuanto a combinar los trajes de diferentes siglos en uno solo, sería una experiencia peligrosa. Shakespeare opinaba del valor artístico de semejante mezcolanza en su incesante sátira de los elegantes del tiempo de Elizabeth, que creían tener buen gusto al vestir porque sus jubones venían de Italia, sus sombreros de Alemania y sus medias de Francia. Atendamos al hecho de que en las escenas más encantadoras representadas en el teatro son las que se caracterizan por una perfecta exactitud, tales como las reposiciones de objetos del siglo XVIII en el

Haymarket Theatre por el matrimonio Bancroft; las excelentes representaciones de Mucho ruido para nada, por Mr. Irving, y el Claudio, por Mr. Barret. Por otro lado, y ésta sea quizá la mejor refutación a la teoría de lord Lytton, debe tenerse presente que no es en el traje ni en el diálogo donde reside la auténtica belleza, que es el objetivo principal del dramaturgo. El auténtico dramaturgo quiere que sus personajes sean característicos y no desea que vayan adornados con atavíos admirables, ni que posean un temperamento admirable, ni que hablen un inglés admirable. Si se trata de un auténtico dramaturgo, en efecto, nos mostrará la vida bajo las condiciones del arte, y no el arte bajo la forma de la vida. El traje griego es el más bello que ha existido jamás, y el traje inglés del siglo pasado, uno de los más horribles; y sin embargo, no podemos vestir a los personajes de una obra de Sheridan como a los de uno obra de Sófocles. Pues como dice Polonio en su soberbio discurso (discurso al cual debo mucho y me congratulo al proclamarlo aprovechando esta ocasión). Una de las primeras cualidades del traje es su expresión. Y el estilo afectado de la indumentaria en el último siglo era la característica natural de una sociedad de maneras y de conversación afectadas, característica que el dramaturgo realista , sin duda, apreciará e incluso en sus menores detalles y cuyos materiales sólo puede buscar y hallar en la arqueología.

Pero que un traje sea exacto no es suficiente, debe ser también apropiado a la estatura, al físico del actor y a su supuesta condición, así como a su papel en la obra. En las representaciones dadas por Mr. Hare de Como gustéis, en el Saint-James Theatre, por ejemplo, toda la importancia del pasaje en que Orlando se queja de haber sido educado como un aldeano y no como un caballero se perdía por la suntuosidad de su atavío. La pompa del duque desterrado y de sus amigos resultaban completamente fuera de tono. En vano Mr. Lewis Windfield intentaba justificarla diciendo que las leyes suntuarias de aquella época requerían aquella elegancia. Unos hombres al margen de la ley que se ocultan en una selva y viven de la caza no es verosímil que se preocupen mucho de las reglas de la indumentaria. Irían vestidos, indudablemente, como las gentes de Robin Hood, con las cuales se los compara, además, en un pasaje de la obra. Y por las palabras de Orlando al caer sobre ellos, se desvela que sus ropas no eran precisamente las de unos nobles encopetados. Los toma por saqueadores y se queda extrañado oyendo que le contestan como personas corteses y bien nacidas. La representación dada por lady Archibald, Campbell de la misma obra, bajo la dirección de Mr. E. W Godwin, en el bosque de Coombe, me pareció mucho más artística, desde el punto de vista de la postura escénica. El duque y sus compañeros iban vestidos con túnicas de sarga, jubones de cuero, botas altas, sombreros vueltos y capuchones. Y como estaban representando en una selva de verdad, estoy seguro de que se hallaban cómodamente vestidos. Cada personaje de la obra llevaba un traje perfectamente adecuado a su papel, y el tono castaño y el verde se armonizaban de un modo exquisito con los helechos por donde caminaban, los árboles bajo los que se tendían y el precioso paisaje inglés que encuadraba aquella visión agreste. El carácter tan natural de la escena se conseguía gracias a la exactitud absoluta y a la especial armonía de las ropas que lucían aquellos actores. La arqueología estaba sometida a la más dura de las pruebas: y lo cierto es que no pudo salir de ella más triunfalmente. Toda la representación demostró, definitivamente, que si un traje no es arqueológicamente correcto y artísticamente adecuado, parece falso, le falta realidad y resulta teatral (artificial).

Pero, la exactitud, la propiedad, el bello colorido, no bastan tampoco: es preciso que una belleza de colorido reine sobre toda la escena. Mientras un artista pinte los fondos y otro dibuje de modo independiente las figuras protagonistas, existirá el peligro de inarmonía en la escena, que hay que hay que considerar como si fuese un cuadro. Para cada acto habría que determinar un color temático, de idéntico modo que se haría para decorar una habitación, y las telas elegidas tendrían que probarse antes en todas las combinaciones posibles para poder suprimir las que desentonen.

En lo referente a las clases especiales de colores, ante todo, debemos decir que la escena resulta en muchísimas ocasiones excesivamente chillona, lo que se debe, en gran parte, al excesivo uso de rojos violentos y también, por el aspecto demasiado nuevo de los trajes. El desaliño, que en la vida moderna no es más que la tendencia de las clases bajas hacia el buen tono, posee cierto valor artístico en escena, y con frecuencia, los colores modernos ganan mucho en el escenario, un poco gastados. También se abusa del color azul:

además de ser un color peligroso para lucir ante las candilejas, es un color verdaderamente difícil de encontrar en Inglaterra, en perfecto estado. El bello azul de China que tanto nos gusta, tarda dos años en secarse, y el público inglés es demasiado impaciente como para esperar tanto tiempo un simple color. El azul pavo real fue ensayado en la escena, en el Lyceum, una de las muchas veces, con gran éxito, pero todas las tentativas para conseguir un buen azul claro o un azul oscuro han fracasado, al menos que yo sepa. Es poco apreciado el color negro. Mr. Irving lo usa, y con éxito, en Hamlet como color principal, pero no se reconoce su importancia como tono neutro. Hecho curioso teniendo en cuenta el color general de los trajes en un siglo que hacía decir a Baudelaire: Nous célébrons tous quelque enterrement! El arqueólogo del porvenir designará quizá nuestra época como aquella en que la belleza del negro fue comprendida; pero dudo que suceda lo mismo en lo que se refiere a la postura escénica o al decorado de la casa, aunque posea el mismo valor decorativo que el blanco o el oro, y pueda separar y armonizar los colores. En las obras modernas, el frac negro del héroe es importante por sí mismo, y debiera destacarse sobre un fondo adecuado. Pero rara vez ocurre así. En realidad, el único telón de fondo bueno que he visto en mi vida, para una obra vestida a la moderna, fue la decoración gris oscura y blanco crema del primer acto de la Princesa George en las representaciones de Mr. Langtry. En general, el héroe se encuentra ahogado entre una almoneda de muebles y unas palmeras, perdido en los abismos dorados de los muebles Luis XIV o reducido al tamaño de un mosquito en medio de la marquetería, cuando el telón de fondo no debía ser nunca más que eso, un telón de fondo, y su color quedar subordinado al efecto. Esto, como es normal, sólo puede hacerse cuando un solo criterio preside toda la representación. El arte puede manifestarse de diferentes maneras, pero la esencia del efecto artístico es la unidad. La Monarquía, la Anarquía y la República pueden disputarse el gobierno de las naciones, pero un teatro debe estar en poder de un déspota sabio. Podría haber en él división de trabajo, pero jamás división de criterio. La persona que entiende el traje de una época, entiende también, a la fuerza, su arquitectura y todo lo que ella emana; y es fácil darse cuenta por las sillas de un siglo si éste era o no un siglo de crinolinas. En el mundo del arte no hay, en realidad, especialidades, y una obra, para que sea verdaderamente artística debe llevar la huella de un maestro y de un solo maestro, que no solamente lo dispone y ultima sus detalles, sino que asume la total responsabilidad de que el vestuario sea el más adecuado.

La señorita Mars, en las primeras representaciones de Hernani, se negó totalmente a llamar a su amante "Mon Lion!", a no ser que se le permitiese llevar una pequeña toque muy de moda en esa época, en la zona del bulevar. Muchas de nuestras jóvenes actrices se empeñan todavía en nuestros día, en llevar esas enaguas rígidamente almidonadas bajo las túnicas griegas, quedando absolutamente aniquilada toda delicadeza de líneas y de pliegues; detalles de tal fealdad que deberían prohibirse. Y también tendría que haber muchos más ensayos con trajes de los que actualmente se celebran. Actores como

Mr. Forbes-Robertson, Mr. Conway, Mr. George Alexander entre otros, que ya han sido citados con anterioridad, se mueven con soltura y elegancia con la indumentaria del siglo que sea; pero existen otros muchos que parecen terriblemente cohibidos por sus manos si sus ropas no tienen bolsillos, y que llevan siempre sus trajes como si se tratase de atavíos escénicos. Por lo que es claro que los trajes pertenecen al dibujante; pero las ropas deben ser posesión de quien las lleve. Ha llegado el momento de atacar esa idea, que prevalece hoy día en la escena, de que los griegos y los romanos solían ir con la cabeza descubierta, error que no cometían los directores de escena de la época de Elizabeth, pues les ponían capuchas, y togas, a sus senadores romanos.

Tendrían que hacerse más ensayos con trajes de este tipo; los actores llegarían a entender que hay una clase de gestos y de movimientos no sólo apropiados a cada estilo de traje, sino realmente condicionados por ese estilo. El empleo extravagante de los brazos en el siglo XVIII, por ejemplo, era el resultado necesario de los abultados tontillos, y Burleigh debía su solemne empaque tanto a su gorguera como a su dialéctica. Por otro lado, mientras un actor no se mueve con toda familiaridad dentro de su traje, no está tampoco familiarizado con su papel. No hablaré aquí del valor general del bello traje que crea en el público un "temperamento artístico" y produce ese goce de la belleza sin la cual las grandes obras maestras permanecen siempre incomprendidas; sin embargo, convendría hacer notar hasta qué punto apreciaba

Shakespeare ese aspecto de la cuestión; representaba siempre sus obras con luz artificial y en un teatro tapizado de negro.

Lo que quiero hacer notar es que la arqueología no es un medio artístico de pedantería, sino un sistema de ilusión artística, y que a través del traje puede exponerse sin necesidad de descripción el carácter de un personaje y producir situaciones y efectos de mayor dramatismo.

Por lo que me parece enormemente penoso que haya tantos críticos que se dediquen a atacar uno de los mecanismos más importantes usados en la escena moderna cuando ese mismo mecanismo aún no llegado a ser del todo perfecto. Estoy seguro de que lo será, a pesar de todo, porque estoy convencido de que exigiremos, de ahora en adelante, a nuestros críticos teatrales, requisitos más elevados que los que se les ha exigido hasta ahora, como el de poder acordarse de Macready o de haber visto a Benjamín Webster; les exigiremos, en efecto, que desarrollen el sentido de la belleza. "Por ser más difícil la tarea, es todavía más gloriosa". Y si no lo alientan, al menos que no sean un obstáculo para un mecanismo que Shakespeare, entre todos los dramaturgos, hubiese sido el primero en aprobarlo, porque posee la ilusión de la verdad por método y la ilusión de la belleza por el resultado. No es que yo esté de acuerdo con todo lo dicho en este ensayo. Hay en él cosas con las cuales estoy totalmente en desacuerdo. Mi ensayo representa tan sólo un punto de vista artístico, y en la crítica estética la actitud es lo más importante. Porque en cuestiones de arte no hay una verdad universal v única.

En arte, una verdad es aquella cuya contradicción es igual de cierta. Y así como tan sólo por la crítica de arte, y mediante la cual podemos sumergirnos en la teoría platónica de las ideas, tan sólo mediante la crítica de arte, y gracias a ella, llegamos a entender el sistema de los opósitores de Hegel. Las verdades metafísicas son a la vez las verdades de las máscaras.

Made in the USA
Coppell, TX
15 March 2024

30155805R10118